TABLE
DES EDITS, DECLARATIONS,
ARRESTS ET REGLEMENS
CONCERNANT
LES FERMES ROYALES UNIES

Rendus pendant la cinquiéme Année du Bail de Me NICOLAS DESBOVES.

Commencée le premier Octobre 1736. & finie le dernier Septembre 1737.

Tome IX.

A PARIS;
Chez PIERRE PRAULT, Imprimeur des Fermes & Droits du Roy, Quay de Gêvres, au Paradis.

TABLE
DES EDITS, DECLARATIONS, ARRESTS ET REGLEMENS

Rendus pendant la Cinquiéme Année du Bail de Me NICOLAS DESBOVES.

Commencée le premier Octobre 1736. & finie le dernier Septembre 1737.

CONCERNANT les Cinq Grosses Fermes, Domaines, d'Occident, Tabac, Commerce & Manufactures.

Des 2. & 30. Octobre 1736.

*ARREST du Conseil & Lettres Patentes sur icelui, *Registrées en la Cour des Aydes de Paris le 26. Novembre, & au Parlement de Dijon le 15. Décembre* 1736. portant Réglement pour le payement des Droits de la Douanne de Lyon, sur les Marchandises non comprises au Tarif de ladite Douane de 1632. *Contenant sept Articles.*

Du 9. Octobre 1736.

Arrest du Conseil, qui fait défenses à toutes personnes d'enlever ou faire enlever du Varrech des Isles de Chaussey pour être transporté à l'Etranger, sous peine de mille livres d'amende.

Du 9. Octobre 1736.

Arrest du Conseil, qui déboute le sieur Parquez l'aîné Marchand à Pontarlier, de l'Appel par lui interjetté de deux Ordonnances renduës par le sieur Intendant de Franche-Comté les 18 Avril & 5 Octobre 1735. par lesquelles une partie de Toile de Basin venant de Suisse, & une autre de toile à Chapeaux venant de S. Gal, ont été confisquées pour s'être trouvées sur la même Voiture avec des Etoffes des Indes prohibées, nonobstant la prétenduë allegation dudit sieur Parquez, qui soutenoit que les Marchandises prohibées ne lui appartenoient point, & avoient été mises avec les siennes par le Voiturier qui avoit été chargé de les conduire à leur destination.

Du 16. Octobre 1736.

* Arrest du Conseil, qui proroge pour un an, à compter du premier Octobre 1736. la modération cy-devant accordée du tiers des Droits sur les Beurres & Fromages venant des Pays Etrangers, & sur ceux provenant du crû du Royaume qui se transportent d'une Province dans une autre.

Du 16. Octobre 1736.

Arrest du Conseil, qui renvoye pardevant le sieur Colleau Lieutenant Criminel au Bailliage de Melun, & Président de la Commission établie à Valence, la connoissance des Procedures commencées tant devant les Officiers de l'Election de Rhodez, que celles faites par le Lieutenant Criminel de Ville-Franche de Roüerque, pour raison de la rebellion faite aux Employés des Fermes des Brigades d'Espalion & de Murre de Barres, à l'occasion d'une saisie faite sur le nommé Dauphiné & autres

Contrebandiers, de deux Jumens, & deux Balles contenant trois quintaux de faux Tabac.

Du 20. Octobre 1736.

* Ordonnance de M. le Lieutenant Général de Police, qui condamne à l'amende plusieurs Particuliers & Particulieres pour avoir été trouvés vêtus d'Indienne.

Du 30. Octobre 1736.

Arrest du Conseil, qui commet le sieur le Pelletier de Beaupré, Intendant & Commissaire départi en la Généralité de Châlons, pour instruire & juger le Procès à la nommée Marie Chaudron Revendeuse publique, & au nommé Julien Gaucher Marchand à Rhetel, & autres leurs complices, participes & adhérans, accusés de faire commerce de Marchandises de contrebande & de fabrication de faux Plombs imitans ceux dont se sert la Compagnie des Indes pour marquer les Etoffes de son Commerce, ainsi qu'il résulte du Procès-Verbal des Employés des Fermes du 19. Septembre 1736. circonstances & dépences; évoque & renvoye pardevant ledit sieur Commissaire départi, les Procedures qui pourroient avoir été commencées pour raison de ce, en quelque Jurisdiction que ce soit, pour être le tout par lui jugé souverainement & en dernier ressort; lui permet de subdeleguer pour l'instruction & pour rendre les Jugemens à l'extraordinaire, en appellant avec lui le nombre de Gradués requis par l'Ordonnance, & de commettre pour faire les fonctions de Procureur du Roy en ladite Commission tels Officiers ou Gradués qu'il voudra choisir.

Du 30. Octobre 1736.

* Arrest du Conseil, qui enjoint aux Maréchaussées d'aider les Commis des Fermes, dans les poursuites qu'ils feront au sujet des Etoffes prohibées, & de dresser des Procès-Verbaux des Contraventions, sur lesquels Procès-Verbaux, tant des Maréchaussées que des Employés des Fermes, dressés conjointement ou séparement, les Contrevenans seront poursuivis de-

vant le Lieutenant de Police à Paris, les Intendans dans les Provinces, & le Consulat de la Ville de Lyon, chacun pour ce qui les concerne, conformément aux Arrests des 10. Avril & 18. Septembre 1736.

Du 30. Octobre 1736.

Arrest du Conseil, qui ordonne que par le Trésorier de l'Octroi de la Ville de Bordeaux, il sera payé au Receveur General des Fermes de ladite Ville, la somme de trois mille livres par lui avancée au sieur le Mazurier, chargé de l'Inspection de plusieurs Manufactures dans la Province de Languedoc & autres circonvoisines; ladite somme à prendre sur les fonds destinés par l'Arrest du Conseil du 26 Septembre 1730. au payement des appointemens du feu sieur Bouteillier Inspecteur Général des Manufactures, laquelle somme de trois mille livres sera passée & allouée sans difficulté audit Trésorier ou Receveur de l'Octroi de Bordeaux dans la dépense de ses comptes des années 1735. & 1736. en vertu dudit Arrest, & sur la Quittance du Receveur Général des Fermes à Bordeaux.

Du 30. Octobre 1736.

Arrest du Conseil, qui ordonne que par le Trésorier de l'Octroi de la Ville de Bordeaux, il sera payé au Receveur Général des Fermes de ladite Ville, la somme de mille livres par lui avancée au sieur Pelsaire, de l'ordre du Conseil; ladite somme de mille livres à prendre sur les fonds destinés par l'Arrest du 26. Septembre 1730. au payement des appointemens du feu sieur Bouteillier Inspecteur Général des Manufactures, laquelle somme de mille livres sera passée & allouée sans difficulté audit Trésorier ou Receveur de l'Octroi de Bordeaux dans la dépense de ses comptes de l'année 1736. en vertu dudit Arrest, & sur la Quittance dudit Receveur Général des Fermes à Bordeaux.

Du 30. Octobre 1736.

Arrest du Conseil, qui évoque & renvoye pardevant le sieur Boucher, Intendant & Commissaire départi en la Généralité de

Bordeaux, la Procedure extraordinaire commencée devant le Président des Traittes de Bordeaux, contre le nommé Dutoya, Commis ou Garçon du sieur la Faure Négociant, demeurant aux Chartrons pour raison des insultes faites par ledit Dutoya dans le Bureau des Fermes de ladite Ville le 20. Octobre 1736. tant au Fermier Général de Tournée, qu'aux Employés dudit Bureau, à l'occasion du payement des Droits sur une partie de Soyerie déclarée d'un poids plus fort qu'il ne s'est trouvé par la pésée faite audit Bureau : pour être le tout jugé souverainement & en dernier ressort par ledit sieur Intendant, en appellant avec lui le nombre de Gradués requis par l'Ordonnance, icelle interdisant à toutes ses Cours & autres Juges; Ordonne en outre que les Procedures commencées pour raison de ce en la Jurisdiction des Traittes de ladite Ville & en quelque Jurisdiction que ce soit, seront remises au Greffe de ladite Commission, à ce faire tous les Greffiers & dépositaires contraints.

Du 6. Novembre 1736.

* Arrest du Conseil, qui permet pendant un an, sans qu'il soit besoin de permissions particulieres, aux Marchands & Habitans tant de Dauphiné que des autres Provinces, de faire voiturer en Dauphiné, des Grains des autres Provinces du Royaume; à la charge seulement par ceux qui en feront passer pendant ledit tems, de faire pardevant les sieurs Intendans ou leurs Subdelegués, déclaration de la quantité des Grains qu'ils feront transporter dans ladite Province, & leur Soumission de rapporter la preuve du déchargement qui y aura été fait desdits Grains; Ordonne que tous les Grains, Farines, ou Légumes qui seront voiturés & conduits en Dauphiné, soit par les Rivieres ou par Terre, seront & demeureront francs & exempts, tant des Droits des Fermes que de tous Droits Locaux, de Travers, Péages, Passage, Pontonage, Coûtume, & autres de toute nature, soit qu'ils appartiennent à des Villes & Communautés, ou à des Seigneurs Ecclésiastiques ou Laïques, à l'exeception des Droits de la Saone qui se perçoivent au profit des Etats de la Province de Bourgogne, qui continuëront d'être levés en la maniere accoutumée; fait défenses à tous Receveurs, Com-

mis & autres Préposés à la perception des Droits, tant de Sa Majesté que des Villes & Communautés & des Seigneurs particuliers, excepté à ceux qui sont préposés à cet effet sur la Riviere de Saone, d'en éxiger aucun pour raison desdits Grains, à peine de concussion & de restitution du quadruple, même d'être poursuivis extraordinairement.

Du 13. Novembre 1736.

Arrest du Conseil, qui déboute le nommé Nicolas le Tellier Laboureur, demeurant en la Paroisse de la Chapelle, de son appel de l'Ordonnance du sieur Intendant de la Généralité de Paris du 19. Mai 1736. & de l'opposition par lui formée à l'Arrêt du Conseil du 4. Septembre de ladite année 1736. par lequel les Huiles & autres effets saisis sur ledit le Tellier par deux Procès verbaux des 17 Décembre 1735. & premier Février 1736. ont été confisqués au profit du nommé Pierre le Févre, Abonnataire des Droits sur les Huiles dans la Ville de Dreux & ses dépendances, faute de Déclaration & de payement des Droits sur les Huiles fabriquées par ledit le Tellier, ordonne que ledit Arrest du 4. Septembre 1736. & ce qui s'en est ensuivi sera exécuté selon sa forme & teneur, & condamne ledit le Tellier au coût du présent, liquidé à soixante-quinze livres.

Du 20. Novembre 1736.

* Arrest du Conseil, qui ordonne que jusqu'au dernier Décembre 1737. les Bœufs, Vaches, Moutons, Brebis, Agneaux, Porcs, Boucs, Chevres & Chevrotins qui viendront des Pays Etrangers dans le Royaume, seront & demeureront déchargés de tous Droits, tant des Cinq Grosses Fermes qu'autres dépendans de la Ferme Générale, qui se payent aux Entrées des Provinces Frontieres; & que lesdits Bestiaux, ensemble ceux qui ont été élevés & nourris dans le Royaume, seront & demeureront déchargés pendant ledit tems des Droits d'Entrée & de sortie, tant des Cinq Grosses Fermes qu'autres dépendans de la Ferme Générale, à leur passage des Provinces réputées Etrangeres, dans celles de l'étendue des Cinq Grosses Fermes, ou

desdites Provinces des Cinq Grosses Fermes, dans celles réputées Etrangeres; aux Entrée & sortie desquelles il est dû des Droits aux Fermes Générales Unies; & renouvelle les défenses de faire sortir hors du Royaume aucuns Bestiaux de toutes especes à peine de confiscation, de trois mille d'amende & autres peines portées par les Arrests des 16. Juin 1711. 15. Mars 1712. 19. Janvier 1715. 30. Avril 1716. & 17. Juin 1717. à l'exception des Bestiaux du Pays de Gex, dont la sortie est permise par Arrest du 4. Janvier 1718. des Bœufs & Vaches qui pourront passer de la Flandre Françoise dans les Châtellenies d'Ypres, Furnes & Furnembak, en payant les Droits du Tarif de 1671. conformément à l'Arrest du Conseil du 5. Septembre 1713. & des Bestiaux des Généralités de Montauban & d'Auch, qui pourront continuer d'être commercés sur la Frontiere d'Espagne, en payant les Droits ordinaires; conformément à l'Arrest du 24. Juillet 1717. à condition de passer dans les Bureaux y désignés.

Du 20. Novembre 1736.

Arrest du Conseil, qui commet M. l'Intendant de la Généralité de Soissons, pour instruire & juger souverainement & en dernier ressort, en appellant avec lui le nombre de Gradués requis par l'Ordonnance, le Procès aux Auteurs, Complices, Fauteurs, Participes ou Adherans des faits mentionnés dans l'information faite les 27. & 28. Octobre 1736. à l'occasion du divertissement de quelques Balots d'Indiennes saisies par les Employés des Brigades de Guiscard & de Noyon les 25. & 26. Mars 1735. circonstances & dépendances, Sa Majesté validant, en tant que de besoin, ladite Information & les Procedures faites en conséquence; attribuant à cet effet audit sieur Commissaire départi toute Cour, Jurisdiction & connoissance, icelle interdisant à toutes ses Cours & autres Juges; lui permet de subdeleguer pour l'Instruction & pour rendre les Jugemens à l'extraordinaire, & de commettre pour faire les Fonctions de Procureur du Roi en ladite Commission, tels Officiers ou Gradués qu'il voudra choisir.

Du 27. Novembre 1736.

Arrest du Conseil, qui interdit des Fonctions de leurs Charges, Jean-Baptiste Pauffin & Paul-Joachim de Cleves, Président & Procureur du Roi en la Jurisdiction des Traittes & Gabelles établie en la Ville de Rhetel Mazarin, pour irrégularités commises dans leurs Fonctions.

Du 28. Novembre 1736.

* Ordonnance de M. le Lieutenant Général de Police, qui condamne à l'amende plusieurs Particuliers & Particulieres, pour avoir été trouvés vêtus d'Indienne.

Du 4. Decembre 1736.

* Arrest du Conseil, qui interprete celui du trois Février 1688. & régle les formalités à observer pour empêcher les abus qui se commettent à l'occasion de la restitution des Droits d'Entrée & de sortie sur les Cires jaunes venant de l'Etranger, & qui sortent du Royaume après y avoir été blanchies.

Des 4. Decembre 1736. & 8 Février 1737.

Arrest du Conseil & Lettres Patentes, *regiſtrées au Parlement de Bretagne le* 8. *Février* 1737. Qui fixent les Droits Seigneuriaux & d'Indemnité dûs pour raison de l'acquisition faite par le Roi, de la Maison & Emplacement du Clos-Marans, près la Ville de Morlaix en Bretagne, destinés à la construction d'une Manufacture de Tabac; sçavoir, les Droits Seigneuriaux à la somme de trois mille deux cens cinquante livres, & l'Indemnité à celle de cinquante quatre livres trois sols quatre deniers, de laquelle derniere somme il sera annuellement fait fonds & emploi dans l'état des Domaines de la Province de Bretagne, sous le nom du Sieur de Moran, Conseiller au Parlement de Bretagne, pour lui tenir lieu de censives & d'homme vivant & mourant en qualité de Seigneur du Fief de Pensez, dans la Mouvance

vance duquel se trouve construite la Manufacture du Tabac de Morlaix.

Du 7 Décembre 1736.

* Sentence de Police, qui condamne en cinquante livres d'amende le nommé Aubin Bras, Marchand de Vin à Paris, demeurant Rue des Tournelles, tenant Cabaret où pend pour enseigne la Cour Royale; & ordonne la confiscation de vingt-six Bouteilles de Vin trouvées chez lui, n'étant pas des poids & Jauge prescrits par la Déclaration du Roy du 8 Mars 1735. servant de Réglement pour la confiscation des Bouteilles & Carassons de verres destinez à renfermer les Vins & autres Liqueurs.

Du 11 Décembre 1736.

Arrest du Conseil, qui condamne la Dame Marquise du Faouet, en l'amende de trois cens livres, & en la confiscation d'une Robbe d'Indienne, avec laquelle elle a été vûe, ainsi qu'il résulte du Procès-verbal des Employez des Fermes de la Ville de Rennes du 15 Octobre 1736. avec deffenses à ladite Dame Marquise du Faouet & à tous autres, de contrevenir aux dispositions de l'Arrest du 10 Avril 1736. & aux Réglemens qui interdisent le Port & usage des Indiennes & autres Etoffes prohibées.

Du 11 Décembre 1736.

* Arrest du Conseil, portant Réglement Géneral pour le Commerce du Tabac dans l'intérieur du Comté de Bourgogne, & qui établit des précautions pour en empêcher le versement & l'introduction en Champagne, Bourgogne & Bresse, & de là dans les autres Provinces du Royaume, *contenant vingt-six articles.*

Du 11 Décembre 1736.

* Arrest du Conseil, qui en interprétant l'article III. de l'Arrest du Conseil du 9 Février 1734. dispense les Jurés-Gar-

des de la Communauté des Sayeteurs & de celle des Hautelisseurs de la Ville d'Amiens, actuellement en exercice, & ceux qui leur succéderont à l'avenir dans les fonctions de Jurez-Gardes desdites Communautés, d'avoir chacun leur coin ou marque particuliére, & de faire graver la premiere Lettre de leur nom & leur surnom en entier, sur les coins & marques dont ils se serviront pour appliquer les plombs sur les Etoffes de leur Manufacture qu'ils auront visitées; à condition que la date de l'année d'exercice sera gravée sur lesdits coins ou marques, suivant ce qui est prescrit par l'article II. dudit Arrest du 9 Février 1734. & à la charge par lesdits Jurés-Gardes d'être solidairement garans des Plombs qu'ils auront appliquez pendant le temps de leur exercice.

Du 11 Décembre 1736.

* Arrest du Conseil, qui maintient & confirme les Habitans de la Province d'Alsace dans le Privilege des Plantations, & dans la liberté de faire Commerce de leurs Tabacs, comme aussi dans le Droit d'acquitter au Poids, & non suivant la qualité, les Marchandises originaires de ladite Province; ordonne que lesdites Marchandises originaires pourront, comme ci-devant, sortir par les Bureaux de ladite Province, sans payer d'autres ni plus grands Droits que par le passé; & permet aux Employez des Fermes dans les Bureaux d'Entrées des Provinces du Royaume où lesdits Marchandises seront transportées, de faire la visite des Caisses, Tonneaux & Ballots, pour constater la vérité des déclarations qui auront été faites dans les Bureaux de sortie de la Province d'Alsace, suivant & conformément à ce qui est prescrit par le titre II. de l'Ordonnance des Fermes de 1687.

Du 18 Décembre 1736.

Arrest du Conseil, portant qu'il sera expédié au profit de Maître Pierre Carlier, ci-devant Adjudicataire des Fermes Générales, une Ordonnance de comptant sur le Garde du Tresor Royal en exercice, de la somme de cinq mille neuf cens ſeize livres ſept ſols ; à laquelle montent les diminutions d'eſpéces arrivées dans les Caiſſes du Domaine au Fort Saint Pierre & au Fort Royal de la Martinique le 17 Mai 1732.

Du 18 Décembre 1736.

Arreſt du Conſeil, qui caſſe une Sentence de l'Election de Peronne du 6 Novembre 1736. par laquelle en prononçant la confiſcation d'environ deux livres de faux Tabac, & quarante livres d'amende ſeulement contre le nommé Felix Pinard, arrêté & conſtitué Priſonnier en entrant à Peronne ; il a été ordonné que ledit Pinard ſeroit élargi des Priſons, à cauſe du peu d'objet de la ſaiſie & de ſa qualité de Laboureur ; confiſque ledit Tabac, & condamne Pinard en mille livres d'amende. Nota. *Les motifs qui avoient porté les Officiers de l'Election à modérer l'amende, étoient fondez ſur l'article XXIX. de l'Ordonnance de 1681. qui prononce des peines proportionnées aux quantités de Tabacs ſaiſis, mais dont les diſpoſitions ſont abrogées par les Déclarations des 6 Décembre 1707. & premier Août 1721.*

Du 18 Décembre 1736.

Arreſt du Conſeil, qui caſſe & annulle une Sentence de l'Election de Peronne du 20 Décembre 1735. enſemble un Arrêt de la Cour des Aydes de Paris du 12 Juin ſuivant, par leſquels un Procès-verbal de ſaiſie de deux Ballots de faux Tabac, faite en campagne ſur le nommé Loüis Harlet, a été annullé, ſous prétexte que l'acte d'Ecroüe dudit Harlay dans les Priſons de Peronne, n'étoit ſigné que d'un Employé ; confiſque le Tabac ſaiſi, & condamne Harlay en mille livres d'amende, conformément aux Déclarations des 6 Décembre 1707. & premier Aouſt 1721.

Du 18 Décembre 1736.

Arreſt du Conſeil, qui ordonne que, par les cautions de Nicolas Desboves, Adjudicataire des Fermes Génerales Unies, il ſera payé aux Sieurs Scellier & de la Croix, Entrepreneurs de la Manufacture Royale de Seignelay, une ſomme de trois mille quatre cens soixante-quinze livres ; sçavoir, celle de sept cens vingt-cinq livres d'une part, à quoi les réparations urgentes faites aux Bâtimens de ladite Manufacture, se sont trouvées monter, suivant le Procès-verbal de reception du 2 Juin 1736. & celle de deux mille sept cens cinquante livres d'autre, dûe ausdits Scellier & de la Croix, suivant l'Arrêt du 17 Juillet 1731. pour l'entretien des Bâtimens de ladite Manufacture pendant cinq années échûes au premier Janvier 1736. à raison de cinq cens cinquante livres par an ; de laquelle premiere somme de trois mille quatre cens soixante-quinze livres, il sera tenu compte audit Desboves sur le prix de son Bail.

Du 18 Décembre 1736.

* Arrest du Conseil, qui proroge pour trois ans, à compter du premier Janvier 1737. la perception du Droit d'un demi pour cent, ordonné par la Déclaration du 10 Novembre 1727. être levé sur les Marchandises venant des Isles & Colonies Françoises de l'Amérique.

Du 18 Décembre 1736.

* Arrest du Conseil, portant que les Caffés provenans des Plantations & Cultures des Isles Françoises de l'Amérique, jouiront dans les Ports désignés par l'article premier du Réglement du 29 Mai 1736. du Bénéfice de l'Entrepôt pendant un an, au lieu des six mois fixés par l'article IV. dudit Réglement.

Du 18 Décembre 1736.

Arrest du Conseil, qui évoque & renvoye par devant M. Boucher, Intendant de la Généralité de Bordeaux, l'appel interjetté à la Cour des Aydes de Bordeaux, de la procédure faite contre le nommé Dutoya, par le Juge des Traites de ladite Ville, circonstances & dépendances ; ensemble, la prise à partie dudit Juge ; pour être le tout par lui jugé souverainement & en dernier ressort, suivant & conformément à l'Arrest du 30 Octobre 1736. lequel sera au surplus exécuté selon sa forme & teneur; ordonne en outre que les procédures faites, tant sur ledit appel que sur ladite prise à partie, seront remises au Greffe de l'Intendance; à ce faire, tous Greffiers & Dépositaires contraints.

Du 18 Décembre 1736.

Arrest du Conseil, qui ordonne que par le Tresorier de l'Octroy de la Ville de Bordeaux, il sera payé au Receveur Général des Fermes de ladite Ville, la somme de deux mille livres, à prendre sur le fonds destiné par l'Arrest du 26 Septembre 1730. au payement des Appointemens de feu sieur Bouteillier, Inspecteur Général des Manufactures; laquelle somme de deux mille livres, sera passée & alloüée sans difficulté audit Tresorier dans la dépense de ses comptes de l'année 1736. en vertu dudit Arrest, & sur la Quittance dudit Receveur Général des Fermes à Bordeaux.

Du 18 Décembre 1736.

Arrest du Conseil, portant qu'il sera annuellement fait fonds & emploi dans l'Etat du Roy, à compter du premier Janvier 1736. & pour ce qui reste à expirer du Privilége accordé au sieur Germain, par l'Arrest du 17 Juillet 1731. auquel les sieurs Scellier & de la Croix ont été subrogés par celui du 22 Février 1735. de la somme de cinq cens cinquante livres pour les grosses & menues réparations nécessaires pour l'entretien de tous les Bâtimens & lieux dépendans de la Manufacture Royale de Seignelay, conformément audit Arrest du 17 Juillet 1731. lequel sera au surplus exécuté selon sa forme & teneur.

Du 22 Décembre 1736.

* Ordonnance de Monsieur Herault, Lieutenant de Police de la Ville de Paris, qui condamne à l'amende plusieurs Particuliers & Particulieres, pour avoir été trouvés vêtûs d'Indienne.

Du 23 Décembre 1736.

* Déclaration du Roy, *regiſtrée en Parlement le 29 Décembre 1736.* qui permet aux Boulangers de la Ville & Fauxbourgs de Paris, d'acheter des Bleds & Farines au Marché de la Ville de Brie-Comte-Robert.

Du premier Janvier 1737.

Arreſt du Conſeil, qui évoque en icelui l'Inſtance actuellement pendante devant le Juge-Mage de Valence, ſur l'aſſignation donnée le 28 Novembre dernier à Zacharie Tavian, Principal Conducteur d'un Radeau de Bois de conſtruction, provenans des Forêts de Salins en Franche-Comté, & au ſieur Pierre Sacquin, chargé par Sa Majeſté de la conduite deſdits Bois dans les Ports de Provence, Languedoc & autres, pour raiſon des Droits prétendus ſur ledit Radeau de Bois de conſtruction conduits au Port d'Arles le 28 Novembre 1736. & cependant par proviſion fait pleine & entiere main-levée deſdits Bois de conſtruction ſaiſis ledit jour 28 Novembre; à la délivrance deſquels, tous Gardiens & Dépoſitaires, ſeront contraints, quoi faiſant déchargez; & fait deffenſes aux Parties de procéder, pour raiſon de ce, ailleurs qu'au Conſeil, & audit Juge-Mage de Valence d'en connoître, à peine de nullité, caſſation de procédures, & de tous dépens, dommages & interêts; & aux Prépoſés à la perception des Péages de Valence & de Vienne de percevoir aucuns Droits, ni empêcher le paſſage des Bois provenans des Forefts de Sa Majeſté, & notamment de celles de Salins.

Du 9 Janvier 1737.

* Ordonnance de M. l'Intendant de la Généralité de Paris, qui en conformité de la Déclaration du 21 Mars 1716. ſervant de Réglement pour la Régie des Droits ſur les Huiles, ordonne que les Fabriquans d'Huiles ſeront tenus de faire leurs déclarations, de quinzaine en quinzaine aux Bureaux établis à cet effet, des Huiles qu'ils auront fabriquées pendant ledit

tems, avec soumission d'en payer les Droits avant leur enlevement, ou après la consommation sur le lieu, à peine de confiscation & de trois cens livres d'amende : & pour la contravention commise par le nommé Prieur, Fabriquant d'Huile à la Ferté-Gauché, le condamne en la confiscation des Huiles sur lui saisies le 10 Octobre 1736. & en trois cens livres d'amende.

Du 12 Janvier 1737.

* Arrrest de la Cour du Parlement, qui ordonne qu'à l'avenir les taxes & salaires, pour la conduite des Prisonniers, seront reduits à l'ancienne fixation de quatorze livres par jour pour chaque Prisonnier, à raison de huit lieuës en Hyver, & dix lieuës en Eté; & ce, comme avant l'Arrest de ladite Cour du 31 Août 1723. & autres rendus en conséquence; & que pareillement le port des procédures qui seront apportées au Greffe de ladite Cour, ou qui seront portées dudit Greffe, quand il n'y a point de Prisonniers, sera taxé comme il l'étoit avant lesdits Arrests; sauf néanmoins à augmenter, selon la qualité & condition des Prisonniers, pour lesquels il seroit besoin d'une escorte plus considérable que celle accoûtumée; lequel excédent ne pourra être taxé & ordonné qu'en vertu d'Arrêts sur piéces communiquées au sieur Procureur Général.

Du 19 Janvier 1737.

* Ordonnance de M. le Lieutenant Général de Police, qui condamne à l'amende plusieurs Particuliers & Particulieres, pour avoir été trouvés vêtus d'Indienne.

Du 22 Janvier 1737.

Arrest du Conseil, qui, en interprétant en tant que besoin celui du 31 Mars 1733. commet le sieur Colleau, Lieutenant Criminel au Bailliage & Siége Présidial de Melun, pour juger définitivement & en dernier ressort toutes les affaires criminelles qui surviendront dans l'étenduë des Provinces du Rouergue & de Quercy, pour raison de l'introduction à port-d'armes &

débit de Marchandises prohibées & de Tabac ; ensemble les Procès qui doivent être faits, tant aux auteurs & complices des violences commises contre les Commis des Fermes qu'aux Fauteurs desdites contrebandes, circonstances & dépendances ; évoque & renvoye pardevant ledit sieur Colleau, les procédures qui pourroient avoir été ci-devant commencées pour raison de ce, en quelque Jurisdiction desdites Provinces que ce soit, pour être le tout par lui jugé souverainement & en dernier ressort, suivant & conformément aux Arrests des 31 Mars & 21 Juillet 1733. & comme si lesdites Provinces de Roüergue & du Quercy avoient été expressement dénommées dans lesdits Arrêts, &c.

Du 22 Janvier 1737.

* Arrest du Conseil, qui confisque plusieurs piéces d'Etoffes de Soye de fabriques étrangéres ou du Royaume, saisies tant dans le Magasin des Sieurs Viot & Desfossés associés, que dans celui du Sieur Bougier, faute de marques ou plombs de fabriques ; & les condamne en dix livres d'amende pour chacune piéce d'Etoffes saisies.

Du 22 Janvier 1737.

* Arrêt du Conseil, portant confiscation de plusieurs piéces & coupons d'Etoffes de Soye de fabriques étrangeres ou du Royaume, saisies dans le Magasin du Sieur Charles-Louis Chauvin, Marchand de Soye en gros, faute de marques ou plombs de Fabrique ; & le condamne en dix livres d'amende pour chaque piéces d'Etoffes saisies.

Du 22 Janvier 1737.

Arrest du Conseil, qui avant faire Droit sur les contestations pendantes entre les sieurs Jourdan & Pouget, Présidens, Juges des Traites à Agde & Sete, & les Marchands de ces deux Villes, à l'occasion des Droits prétendus par lesdits Officiers, sur les acquits de payement des Droits des Fermes, & autres expéditions qui se délivrent aux Marchands & Négocians

cians dans les Bureaux des Traites-Foraines, pour raison des Droits dûs sur les Marchandises & Denrées sortant du Royaume, ou qui y sont apportées, tant des Pays étrangers que des Provinces réputées étrangeres; ordonne que dans un mois du jour de la signification du présent Arrest ausdits Officiers, & à ceux des autres Jurisdictions des Ports de Languedoc, ils seront tenus de remettre au sieur Bernage de Saint Maurice, Intendant de ladite Province, les Provisions, Quittances de Finance & autres Titres de propriété de leurs Offices, pour sur le Procès-verbal qui en sera par lui dressé, & sur son avis être par Sa Majesté ordonné ce qu'il appartiendra; toutes choses jusqu'à ce, demeurant en état.

Du 22 Janvier 1737.

* Arrest du Conseil, qui ordonne que les Serges de Crevecœur, d'Hardivilliers & des autres Manufactures, qu'il a été d'usage jusqu'à présent de vendre à la piéce, pourront à l'avenir être vendues à l'aune, & sur le pied de l'aunage que contiendra chaque piéce desdites Serges.

Du 22 Janvier 1737.

Déclaration de Monseigneur le Vicelegat d'Avignon, portant que les Débitans du Tabac en détail, qui en vendront de contrebande, seront condamnés au double de l'amende établie par le Réglement du 31 Mars 1734. Que ceux qui vendront du Tabac sans commission du Fermier, encoureront les peines portées par l'article IV. du Concordat du 11 Mars de ladite année 1734. & que ceux qui seront trouvez avec du Tabac de contrebande au-dessous d'une livre, seront condamnez aux peines & dépens que les Juges arbitreront.

Du 29 Janvier 1737.

Lettres Patentes du Roy, sur le Réglement fait & arrêté le 15 Janvier 1737. pour la Manufacture de Tapisseries de Feuilletin, *registrées au Parlement le 12 Mars 1737. contenant vingt sept articles.*

Du 29 Janvier 1737.

Lettres Patentes du Roy sur le Réglement fait & arrêté le 15 Janvier 1737. pour la Teinture des Etoffes de Laines, & des Laines servant à leur fabrication, *registrées au Parlement le 12. Mars 1737. contenant quatre vingt treize articles.*

Du 29 Janvier 1737.

Arrest du Conseil, qui casse une Sentence du Juge des Traittes de Cherbourg du 15 Novembre 1736. par laquelle le nommé Jean Roulland, Maître de la Barque le Prophete Daniel, a été déchargé de la confiscation de son Vaisseau & de l'amende de trois mille livres par lui encouruë, pour avoir versé aux Isles Angloises de Gersey & Grenesey huit Tonneaux de Chaux, qu'il devoit porter à Painpol en Bretagne, suivant l'acquit à caution à lui délivré au Bureau de Dilette : renvoye les Parties pardevant le Sieur Intendant de Caën, pour leur être fait Droit sur le Procès-verbal de saisie, en conformité de l'Arrest du 24 Avril 1736. qui défend la sortie des matériaux servant à bâtir, à peine de confiscation & de trois mille livres d'amende.

Du 29 Janvier 1737.

Arrest du Conseil, qui déboute Charlotte Hardoüin, & Jean François Hardoüin, Marchands de Tabac à Salins, de l'appel par eux interjetté des Ordonnances rendues par M. l'Intendant le 9. Juin 1736. qui les condamne en différentes amendes, pour avoir vendu des Tabacs sans s'être fait inscrire sur le Registre des Marchands de ladite Ville de Salins.

Du 5 Février 1737.

Arrest du Conseil, qui casse celui de la Cour des Aydes de Montauban du 20 Décembre précedent, par lequel elle avoit adjugé sept livres dix sols par mois, pour la nourriture de chacun des Prisonniers détenus à la requête du Fermier ; ordonne que, suivant l'usage observé de tous tems, les Fermiers des Fermes de Sa Majesté, ne seront tenus de fournir aux Prisonniers détenus pour faux-saunage, fraudes ou malversations concernant lesdites Fermes que le pain, à raison de deux livres par jour, & au Geolier, la somme qui sera réglée pour la paille ; le tout bien conditionné suivant les Réglemens.

Du 12. Février 1737.

Arrest du Conseil, qui commet Monsieur de Levignen Intendant en la Généralité d'Alençon pour instruire & juger souverainement le Procès du sieur Charleville de Longey pour raison des violences & voyes de fait par lui commises envers deux Employés de la Brigade de Briouze près Alençon, à l'occasion d'une saisie par eux faite dans son Château de Longey de quelques meubles & hardes d'Indienne, circonstances & dépendances, en appellant avec lui le nombre d'Officiers ou Gradués requis par l'Ordonnance, &c.

Du 12. Février 1737.

Arrest du Conseil, qui évoque & renvoye pardevant le sieur Regnier, Prevost Général de la Marchaussée de Caën, les Procedures qui peuvent avoir été commencées en l'Election de Valognes, à l'occasion tant de la spoliation ou vol fait par dix Cavaliers du Regiment de la Cornette Blanche & autres particuliers, d'un sac rempli de Tabac de fraude que les Employés des Canots & de la Brigade de Carteret avoient saisi, & qu'ils conduisoient à l'Entrepôt de Valognes que de l'assassinat par eux commis en la personne d'un desdits Employés; pour être le Procès instruit avec l'Assesseur, & jugé Prevôtalement & en dernier ressort par ledit Prevôt, conjointement avec le nombre de Gradués requis par l'Ordonnance, ausdits Cavaliers & autres Particuliers, Complices, Fauteurs, Participes ou Adherans des faits ci-dessus mentionnés.

Du 12. Février 1737.

Arrest du Conseil, qui accorde au sieur François-Joseph Mackau de Hirckeim, à ses Enfans, heritiers ou ayant cause, & aux Associés qu'ils prendront, le Privilége exclusif & à perpetuité, d'exploiter & travailler seuls en la Province d'Alsace les Mines d'Acier déja ouvertes en différens endroits, & celles qu'ils pourront y ouvrir par la suite, aux conditions, privileges, exemptions & prérogatives y énoncées. *contenant quatre articles*, dont aucunes de leurs dispositions n'exemptent des Droits des Fermes.

Du 18. Février 1737.

* Arrest du Conseil, qui fait défenses aux Blanchisseurs établis dans les Provinces de Picardie, d'Artois, de la Flandre Françoise, du Haynault & du Cambresis, & dans les Généralités de Paris & de Soissons, d'étendre sur leurs Prés, ni blanchir aucunes Toiles, Baptistes, Linon, demi-Hollande & autres de pareille qualité avant le 15. Mars, & après le dernier Septembre; & à l'égard des autres especes de Toiles de quelques sortes & qualités qu'elles puissent être, avant le premier Mars & après le dernier Novembre de chaque année. Comme aussi de recevoir aucunes desdites Toiles pour être blanchies, qu'elles ne soient marquées de la Marque de visite ordonnée par les Réglemens, pour celles qui seront entieres; & de la Marque du Marchand qui les aura données à blanchir, pour celles qui auront été coupées en petites pieces. Ordonne que lesdits Blanchisseurs seront tenus de marquer lesdites Toiles aux deux bouts de chaque piece, de leur Marque particuliere, avant qu'elles puissent être rendues à ceux à qui elles appartiennent, & qu'ils tiendront un Registre, dans lequel ils enregistreront le nombre de piéces de Toiles quil leur seront données à blanchir, les noms de ceux à qui elles appartiennent, le jour qu'ils les auront reçûes, & celui auquel ils les auront rendues.

Du 18. Février 1737.

Arrest du Conseil, qui par grace & sans tirer à conséquence, ordonne que douze piéces ou coupons d'Etoffes de soye saisies chez les sieurs Viot & des Fossés, faute de Marques & plombs de fabrique, leur seront rendues & restituées, après qu'elles auront été marquées du plomb de l'Inspection de la Douanne. Décharge lesdits Viot & des Fossés de l'amende de dix livres pour chacune desdites douze Piéces ou coupons desdites Etoffes.

Du 20. Février 1737.

* Ordonnance de M. Herault Lieutenant Général de Police, qui condamne à l'amende plusieurs Particulieres, pour avoir été trouvées vêtues d'Indienne.

Du 20. Février 1737.

* Jugement rendu par M. Herault Lieutenant de Police de la Ville de Paris, & les Officiers du Châtelet, qui condamne plusieurs Contrebandiers à être pendus par effigie.

Du 23. Février 1737.

Arrest du Conseil, qui ordonne que par le sieur de Vatan Intendant de la Généralité de Caën, il sera procédé à l'adjudication au rabais des Ouvrages nécessaires pour la construction d'un Corps de Garde dans l'Isle de Chaussey, suivant les plans, profils & devis estimatifs, dressés par le sieur Meynier Ingénieur de la Marine, du prix desquels Ouvrages les Entrepreneurs seront payés sur les Ordonnances du sieur Intendant par Nicolas Desboves, Adjudicataire des Fermes Générales Unies, auquel il en sera tenu compte sur le prix de son Bail.

Du 26. Février 1737.

* Arrest du Conseil, en faveur des Receveurs Généraux des

Finances ; par lequel en exécution de l'Arrest du Conseil du 3. Juin 1669. & de l'Edit de Juin 1704. Défenses sont faites à tous Saisissans sur les Gages, Droits, augmentations de Gages, Rentes, Remboursemens & autres Charges employées dans les Etats des Finances de Sa Majesté, de faire assigner les Receveurs Généraux des Finances devant d'autres Juges que les Officiers des Bureaux des Finances de leurs Généralités. Ordonne que pour la sûreté des Créanciers saisissans, ils seront tenus conformément à la Déclaration du Roi du 19. Mars 1661. de laisser pendant vingt-quatre heures aux Bureaux des Receveurs Généraux, les Originaux des Exploits de saisies qui seront faites entre leurs mains;au pied desquels ils signeront leurs déclarations des sommes dûes & employées dans les états des Finances au profit des Parties prenantes & saisies, même des saisies précédentes qui pourroient avoir été faites entre leurs mains sur les mêmes Parties.

Du 26. Février 1737.

Arrest du Conseil, qui commet M. Colleau Lieutenant Criminel au Châtelet de Melun, & Président de la Commission établie à Valence pour instruire & juger définitivement & en dernier ressort le Procès au nommé Gervais Pizel, dit Jean, Enfant de la Charité de Lyon, accusé de contrebande, circonstances & dépendances, & pour raison de l'infraction de Ban, à quoi il avoit été condamné pour trois ans hors du Royaume, par Jugement contradictoire de M. de Vanoles Intendant de Franche-Comté du 2. Mai 1736.

Du 12. Mars 1737.

Arrest du Conseil, qui en casse un de la Cour des Aydes de Montpellier du 4. Décembre 1736. par lequel ladite Cour au lieu d'avoir prononcé la confiscation de quatre-vingt onze Balles de Laines blanches, lavées, saisies aux Bureaux des Fermes d'Agde & de Sete sur les sieurs Perrier, Teissier & Sans Marchands à Montpellier, pour les avoir déclarées Pelades bruttes, en a fixé les Droits au-dessous de ceux portés par le Tarif de la Douanne de Lyon, confisque lesdits quatre-vingt onze Balles de Laines ; condamne lesdits Marchands solidairement en trois amendes de trois cens livres chacune & aux dépens ; & ordonne que les Marchands seront tenus de déclarer dans leurs Polices, Lettres de Voitures & Manifestes, si les Laines sont bruttes, ou blanches & lavées, étrangeres ou originaires, pour être vérifiées sur les Déclarations, & en constater les qualités, pour en percevoir les Droits de la Douanne de Lyon, conformément au Tarif de 1732.

Du 12. *Mars* 1737.

* Arrest du Conseil, qui permet aux sieurs Gastameau, Vivien de Châteaubrun, & Respingés du Ponty d'exploiter dans toute l'étenduë du Royaume, le Privilege exclusif d'une Machine Hollandoise, propre à la fabrication du Papier sans maillets ni pillons, conformément à l'Arrest du 10. Juillet 1736. & d'y associer telles personnes qu'ils aviseront Nobles ou Roturiers, sans que pour raison de ce, leurs Associés Nobles soient réputés ni censés avoir dérogé à Noblesse, sous prétexte de ladite entreprise.

Du 12. *Mars* 1737.

* Arrest du Conseil, qui déboute M. le Duc de Grammont Copropriétaire avec le Roi, des Droits de la Coutume de Bayonne, de sa demande, tendante à jouir de la moitié du produits, des confiscations, & amendes prononcées pour raison du faux Tabac saisi par les Employés de la Ferme Générale ; & en conséquence, ordonne que les saisies faites pour fait de contrebande de Tabac, & dans lesquelles il ne s'agira point du défaut de payement du Droit de Coutume de Bayonne, seront portées à l'Election de Dax pour y être jugées, & que les condamnations qui y seront prononcées seront au profit de l'Adjudicataire de la Ferme Générale du Tabac, sans que pour raison de ce, M. le Duc de Grammont puisse prétendre part dans les confiscations & amendes.

Du 19. Mars 1737.

Arrest du Conseil, qui ordonne que par le Trésorier de l'Octroi de la Ville de Bordeaux, il sera remis au Receveur Général des Fermes de ladite Ville une somme de neuf cens livres payée au sieur Metreville Inspecteur des Manufactures des Toiles à Rouen, en conséquence des Ordres du Conseil, ladite somme à prendre sur le fonds destiné par l'Arrest du 26. Septembre 1730. au payement des appointemens du feu sieur Boutillier Inspecteur Général des Manufactures, laquelle sera passée & allouée sans difficulté audit Trésorier de l'Octroi de Bordeaux dans la dépense de ses comptes de l'année 1736. sur la Quittance dudit Receveur Général des Fermes.

Du 19. Mars 1737.

* Arrest du Conseil, qui ordonne que jusqu'au dernier Juin 1737. les Vins de Roussillon & du Languedoc, qui seront amenés au Havre ou à Rouen, pour la destination de Paris, seront exempts, tant du Droit de Massicault en entier, que de la moitié des Droits du Tarif de 1664. des Droits de double subvention, & de ceux des grandes Entrées : à la charge par les Marchands & Conducteurs, de prendre dans les Bureaux du Havre ou de Rouen, avec l'acquit du payement des Droits, un acquit à caution, pour assurer la destination desdits Vins dans la Ville de Paris.

Du 19. Mars 1737.

* Arrest du Conseil, qui décharge les Consuls de la Ville d'Arles en Provence de faire bâtir aux dépens de la Communauté de ladite Ville une Tour, dont la construction avoit été ordonnée par autre Arrest du 27. Septembre 1635. à l'embouchure du Canal des Losnes pour servir de signal aux Bâtimens qui entrent & sortent dudit Canal, & ordonne que les frais de ladite construction seront avancées par Nicolas Desboves Adjudicataire des Fermes Générales Unies, auquel il en sera tenu compte dans celui qu'il rendra du produit des cinq sols par

minot

minot de Sel qui se levent dans les Greniers & Chambres à Sel de Provence, Dauphiné, Languedoc, Lyonnois, Auvergne, & Rouergue, en exécution de la Déclaration du 4. Juin 1712. & des Arrests & Lettres Patentes des 12 Avril & 5 Juillet 1723. en rapportant copie collationnée dudit Arrest, les Procès Verbaux d'adjudication & de reception des Ouvrages à faire pour ledit Bâtiment, les Ordonnances du sieur Intendant de Provence, & les Quittances des Entrepreneurs sur ce suffisantes.

Du 26. Mars 1737.

Arrest du Conseil, qui par grace leve l'interdiction prononcée par celui du 27. Novembre 1736. contre les sieurs Jean-Baptiste Paussin & Paul Joachim de Cleves Président & Procureur du Roi de la Jurisdiction des Traittes & Gabelles, établie dans Ville de Rhetel Mazarin.

Du 26 Mars 1737.

Arrest du Conseil, qui évoque & renvoye pardevant le sieur de la Bourdonnaye, Intendant & Commissaire départi en la Généralité de Rouen, les Procedures qui peuvent avoir été faites, tant devant le Maître des Ports, Juges des Traittes, & le Vicomte de l'Eau à Rouen, qu'en la Cour des Aydes & au Parlement de Normandie, pour raison des insultes & mauvais traitemens faits en la personne du nommé Duplessis, Capitaine de la Brigade des Fermes à Rouen, par les nommés Duval de Villemont ci-devant Garde de ladite Brigade, & Bigot Maître du Cabaret de la Chévre, & mentionnées au Procès Verbal du 24. Septembre 1736. circonstances & dépendances pour être par ledit sieur Commissaire départi le tout jugé souverainement & en dernier ressort, en appellant avec lui le nombre de Gradués requis par l'Ordonnance.

Du 26. Mars 1737.

Arrest du Conseil, qui accorde au sieur Rolet Bourgeois de Morteau en Franche-Comté, & à ses hoirs & ayant cause, le

Privilege exclusif de tirer pendant l'espace de 30. années consecutives des charbons de Terre dans toute l'étendue des Bailliages de Pontarlier & d'Ornant, à la charge de se conformer aux Réglemens de Police pour le tirage, Voiture, vente & debit desdits charbons, & de n'en pouvoir faire sortir pour l'Etranger sous quelque prétexte que ce soit.

Du 29. Mars 1737.

* Lettres Patentes du Roi, *Registrées au Parlement de Rennes le 29. Avril* 1737. qui ordonnent, que les Officiers des Amirautés de Bretagne seront tenus de prendre l'attache du Gouverneur de la Province sur leurs Provisions.

Du 2. Avril 1737.

Arrest du Conseil, qui fait défenses de transporter des Grains de la Bretagne & du Poitou hors du Royaume jusqu'au premier Octobre 1737. sous les peines portées par les Reglemens, concernant la sortie des Grains à l'Etranger.

Du 2. Avril 1737.

* Arrest du Conseil, portant que les Marchandises du crû des Isles du Vent, qui seront destinées pour être transportées à l'Isle-Royale, seront exemptes du Droit de poids d'un pour cent pendant dix années, à commencer du premier Janvier 1737. que celles du crû desdites Isles, destinées tant pour ladite Isle-Royale, que pour le Canada, seront pareillement exemptes du droit de trois pour cent du Domaine d'Occident, qui se perçoit sur les denrées & marchandises du crû des Colonies, ensemble du droit de quarante sols par quintal sur les Sucres qui y seront envoyés desdites Isles.

Du 2. Avril 1742.

Arrest du Conseil, qui avant faire droit sur la Requête de l'Adjudicataire des Fermes, & de celle de la Vente exclusive du Tabac, tendante à ce qu'il soit défendu au nommé Jacques Bernard, Receveur du Péage de Pequigny en Picardie, & à tous autres d'exiger aucuns droits sur les Tabacs voiturés pour le compte de la Ferme, conformement aux Baux & Réglemens rendus à ce sujet; ordonne que ladite Requête sera communiquée audit Bernard, pour sa reponse vûë & examinée, être ordonné ce qu'il appartiendra.

Du 2 Avril 1737.

Arrest du Conseil, qui approuve l'Adjudication faite le 6 Août 1736. au nommé Claude-François Cornue, par le Sieur Intendant & Commissaire départi au Comté de Bourgogne, des constructions faites au bout du Pont de Vojocourt, & des réparations à la baraque joignant ledit Pont; & en conséquence ordonne que la somme de mille six cens livres, à laquelle montent lesdites constructions & réparations, sera payée & avancée des deniers de l'Adjudicataire des Fermes Générales, auquel il en sera tenu compte sur le prix de son Bail, en rapportant l'expédition ou copie collationnée dudit Arrêt, le devis estimatif, le Procès-verbal d'adjudication & de reception desdits ouvrages, les Ordonnances dudit sieur Commissaire départi, & les Quittances de l'Entrepreneur sur ce suffisantes, ou des copies desdites piéces collationnées en bonne forme.

Du 2 Avril 1737.

* Arrest du Conseil, qui permet aux Négocians de Marseille d'introduire, pour la consommation du Royaume, les Caffés du crû des Isles Françoises, en payant le Droit de dix livres par Quintal, ordonné par l'Arrest du 29 May 1736. & nonobstant les défenses portées par l'article III. dudit Arrêt; comme aussi d'envoyer lesdits Caffés des Isles à Geneve en *transit*, sans payer aucuns Droits; le tout à la charge d'entreposer à l'arrivée, sous la clef du Fermier, les parties desdits Caffez qu'ils destineront pour le Royaume, ou pour Geneve; ordonne que les Balles, Caisses ou Futailles desdits Caffez, ne pourront sortir desdits Magasins d'entrepôt, pour l'une ou l'autre destination, qu'après avoir été plombez par les Commis du Fermier, d'un plomb particulier, pour servir à les reconnoître & à les distinguer des Caffez

du Levant; ordonne en outre que lesdits Négocians seront tenus de faire passer tout de suite & debout du Magasin d'entrepot, au dehors de la Ville & Territoire de Marseille, lesdites Balles plombées; ce qui aura pareillement lieu pour les Caffez des Isles, qui se sont trouvez dans l'entrepôt au premier Octobre 1736. & qui sont actuellement sous la clef du Fermier; en sorte que tous les Caffez qui n'auront point été ainsi entreposez, plombez & expédiez, seront reputez indistinctement Caffez du Levant.

Du 2 Avril 1737.

Arrest du Conseil, qui commet le Sieur Colleau, Lieutenant Criminel au Châtelet de Melun & Président de la Commission établie à Valence, pour juger le Procès à deux Particuliers, arrêtez par le Lieutenant de la Maréchaussée de la Province de Bresse, conduisant des Chariots chargez de Planches, dans lesquels il s'est trouvé du Tabac de contrebande, ensemble aux Auteurs, Fauteurs, Participes ou Adhérans de ladite contrebande, circonstances & dépendances, pour être le tout jugé souverainement & en dernier ressort par ledit Sieur Colleau, conformément aux Arrêts d'établissement de sa commission des 31 Mars & 21 Juillet 1733.

Du 9 Avril 1737.

Arrest du Conseil, qui ordonne que par le Tresorier de l'Octroy de la Ville de Bordeaux, il sera payé au Sieur Fondiere, Inspecteur Général des Manufactures, la somme de mille quatre cens livres, pour supplément d'appointemens à lui accordez, à raison de sept cens livres par chacune des années 1735. & 1736. à prendre ladite somme de mille quatre cens livres sur les fonds destinez par l'Arrest du 26 Septembre 1730. au payement des appointemens du feu sieur Boutillier, Inspecteur Général des Manufactures.

Du 9 Avril 1737.

Arrest du Conseil, portant que la somme de huit cens quarante livres 12 sols 7 deniers, à laquelle montent les travaux faits par augmentation aux Corps de Gardes, construits sur le Canal de Picardie, en exécution de l'Arrest du 24 Août 1734. suivant l'Etat qui en a été arrêté le 19 Mars 1737. par le Sieur de Vic Ingénieur, chargé de la conduite desdits Ouvrages, sera payée au nommé Jean-Pierre Oger, Adjudicataire desdits travaux, après l'an & jour de la reception desdits ouvrages, sur les Ordonnances de M. l'Intendant de Soissons par Nicolas Desboves, Adjudicataire des Fermes Générales Unies, de laquelle somme de huit cens quarante livres 12 sols 7 deniers, il sera tenu compte audit Desboves sur le prix de son Bail, en rapportant ledit Arrêt, l'Etat des Augmentations faites, arrêté par ledit sieur de Vic, le Procès-verbal de reception des Ouvrages, les Ordonnances dudit sieur Intendant, & les Quittances dudit Entrepreneur sur ce suffisantes, &c.

Du 9 Avril 1737.

Arrest du Conseil, pour faire remettre au Tresor Royal, une somme de douze mille cent treize livres trois sols six deniers par le sieur de Barillon, à compte des fonds de la Recette Générale par lui faite sur le produit du Droit de demi pour cent, sur les Marchandises provenant du Commerce des Isles Françoises de l'Amérique, pendant l'année 1733. pour être ladite somme employée ainsi qu'il sera ordonné par Sa Majesté.

Du 9 Avril 1737.

Arrest du Conseil, portant que le Sieur Loüis-Alexandre de Barillon, Receveur Général du Droit d'un pour cent, sur les Marchandises provenant des Isles Françoises de l'Amérique, remettra au Tresor Royal, une somme de dix-sept mille huit cens quatre-vingt-six livres seize sols six deniers, restant entre ses mains, du produit dudit Droit pendant l'année 1732.

Du 9 Avril 1737.

Arrest du Conseil, qui, par grace & sans tirer à conséquence, fait main-levée aux Sieurs Chauvin & Bougier, Marchands Merciers à Paris, des Etoffes de Soye saisies dans leurs Magazins le 12 Janvier 1737. pour ne s'être pas trouvées accompagnées de plombs de fabrique.

Du 16 Avril 1737.

* Ordonnance de M. le Lieutenant Général de Police, qui condamne à l'amende plusieurs Particuliers & Particulieres, pour avoir été trouvés vêtus d'Indienne.

Du 16 Avril 1737.

Arrest du Conseil, qui ordonne que celui du 10 Janvier 1736. sera exécuté dans le Port de Boulogne, de la même maniere que si ledit Port avoit été dénommé dans ledit Arrest; & en conséquence, permet aux Habitans & Négocians des Provinces de Picardie, Artois & Flandres, de faire transporter ou faire des Envoys de Grains à l'étranger par ledit Port de Boulogne, conformément aux dispositions de l'Arrest dudit jour dix Janvier.

Du 16 Avril 1737.

Arrest du Conseil & Lettres Patentes sur icelui du 29 Octobre suivant, qui ordonnent l'exécution de l'Arrêt du Conseil du 17 Mars 1685. & en conséquence, que les Habitans de Bordeaux, Libourne, Blaye & Plat-Pays Bordelois, payeront les Droits de sortie de ladite Ville de Bordeaux, sur le Sel qui en sortira par boisseau ou cuillerée, quoique destiné pour la provision de leurs Maisons de Campagne ou autrement.

Du 16 Avril 1737.

Arrest du Conseil, qui, sans s'arrêter à l'appel interjetté par le Sieur Machelard, Maître de la Forge Gerard, Terre de Liége, le 14 Février 1737. de l'Ordonnance du Sieur de Sechelles, Intendant de Haynault du premier Février 1737. ordonne l'exécution de ladite Ordonnance, par laquelle ledit Machelard a été condamné en la confiſcation de deux mille cinq cens livres de fer qu'il faiſoit paſſer des Terres de Liege en Haynault en fraude des Droits du Tarif de 1671. & qu'il avoit déclaré provenir de la Forge de l'Obiette ſituée en Haynault, ainſi que du Chariot & Chevaux ſervant à la voiture, & en trois cens livres d'amende.

Du 23 Avril 1737.

Arreſt du Conſeil, qui oblige Gabriel Bernier, Entrepreneur du Bâtiment de la Manufacture du Tabac de Dieppe, & le nommé Juë ſa caution à payer à Adrien Sore, Bourgeois de ladite Ville, une ſomme de trois mille livres, à laquelle a été liquidée & fixée l'indemnité prétendue par ledit Sore, pour raiſon des dommages cauſez à ſa Maiſon, lors de la conſtruction de ladite Manufacture.

Du 23 Avril 1737.

Arreſt du Conſeil, qui en caſſe deux de la Cour des Aydes de Montpellier des 26 Novembre 1734. & 20 Décembre 1736. par le premier deſquels le nommé Duplan, Propriétaire d'une Métayrie, ſituée en la Paroiſſe de Meyras en Vivarais, a été admis à conſigner une ſomme de trois cens livres, à compte de l'amende de mille livres prononcée contre lui, par Sentence du Maître des Ports au Saint Eſprit du 19 Juin 1734. pour avoir donné retraite à des Contrebandiers de Tabac, quoi qu'il ne fût plus recevable à faire ladite conſignation, aux termes des Déclarations du Roy des 6 Décembre 1707. & premier Août 1721. & par le ſecond Arrêt, ledit Duplan avoit été déchargé de l'amende de mille livres, avec reſtitution des trois cens livres qu'il avoit conſignées; ordonne l'exécution de ladite Sentence, qui a confiſqué onze cens ſeize livres de faux Tabac, ſaiſi aux environs de la Maiſon dudit Duplan, & l'a condamné en mille livres d'amende.

Du 23 Avril 1737.

* Ordonnance du Roy, qui permet que les Bâtimens Fran-

çois soient adressez aux Négocians étrangers, établis dans les Echelles du Levant, dans le cas où ils auront été fretez en entier par des Etrangers.

Du 30 Avril 1737.

Arrest du Conseil, qui annulle l'Adjudication faite le 13 Mars précedent, à Robert Veron, des Ouvrages à faire pour la construction d'un Corps de Garde dans l'Isle de Chausey, pour y loger une Brigade d'Employés, moyennant la somme de quarante-cinq mille livres ; & ordonne que les Ouvrages nécessaires, pour la construction dudit Corps de Gardes, seront faits par économie sous la Direction du Sieur Meynier, Ingénieur de la Marine, suivant les plans & devis qu'il en a dressés ; du prix desquels Ouvrages, les Ouvriers & Fournisseurs seront payez sur les Certificats dudit Sieur Meynier au fur & à mesure par Nicolas Desboves, Adjudicataire des Fermes Unies, auquel il en sera tenu compte sur le prix de son Bail, en rapportant l'expédition ou copie collationnée dudit Arrêt, les Certificats dudit sieur Meynier, & les Quittances des Ouvriers & Fournisseurs sur ce suffisantes.

Du 30 Avril 1737.

Arrest du Conseil, qui évoque & renvoye pardevant M. le Pelletier de Beaupré, Intendant de la Généralité de Champagne, la connoissance de la rixe arrivée le 6 Mars précedent, entre les Employés de la Brigade des Fermes établie à Couvrot & quelques Cavaliers de la Compagnie de la Lieutenance Colonelle du Régiment de Pont, en quartier à Vitry en Pertois, à l'occasion de la visite faite par ces Employez, de la Balle d'un Particulier, dans laquelle il y avoit quelques Marchandises de Mercerie & de Quincaillerie, ensemble des violences, excès & voyes de fait mentionnées, tant dans les Procès-verbaux des Employez dudit jour 6 Mars, que dans l'information du 9 desdits mois & an, circonstances & dépendances, pour être le tout jugé souverainement & en dernier ressort, par ledit Sieur Intendant, en appellant avec lui le nombre de Gradués requis par l'Ordonnance, &c.

Du

Du 7 May 1737.

* Arrest du Conseil, qui renouvelle les deffenses anciennement faites d'enhavrer les Laines sur les Moutons, avant le mois de May de chaque année ; & fait deffenses de vendre celles des Diocèses de Carcassonne, Narbonne & Beziers, & de la Province de Roussillon, autrement qu'en suye, & telles qu'elles sont achetées des Fermiers, Laboureurs & autres menagers qui nourrissent des Troupeaux.

Du 16 May 1737.

* Arrest du Conseil, qui ordonne que les Fabriquans, Tisserans ou Mulquiniers établis, tant dans les Provinces de Picardie, d'Artois, du Haynault, de la Frandre Françoise & du Cambresis, que dans les Généralitez de Paris & de Soissons, seront tenus à l'avenir, & à commencer au premier Janvier de l'année prochaine 1738. d'appliquer à la tête & à la queuë de chaque piéce des Toilles Baptistes & Linons, demi-Hollande & autres espéces de Toilles, de quelque sorte & qualité qu'elles puissent être, qu'ils auront fabriquées ou fait fabriquer, une empreinte de leur marque, contenant leur nom & celui du lieu de leur demeure ; & fait deffenses à tous Courtiers, Commissionnaires & autres, de se charger ni de présenter à la visite aucunes piéces desdites Toilles, & aux Commis préposez à la marque des Toilles, de les marquer, qu'elles n'ayent ladite marque, sous les peines portées par ledit Arrest, *contenant six articles.*

Du 21 May 1737.

Arrest du Conseil, qui décharge les fers, qui se fabriquent dans la Forge de Morez au Bailliage de Saint Claude, qui seront transportez en Suisse & autres Pays étrangers, du payement des Droits portés par l'Arrest du Conseil du 2 Avril 1701.

Du 21 May 1737.

Arrest du Conseil, qui commet M. Chauvelin, Intendant

de la Généralité d'Amiens, pour instruire & juger souverainement & en dernier ressort, le Procès aux Auteurs, Fauteurs, Participes ou Adhérans des émotions populaires arrivées dans la Ville de Boulogne, à l'occasion de quelques embarquemens de Bleds qui y ont été faits, & de la publication des Arrests qui autorisent le transport des Grains, &c.

Du 29 May 1737.

* Ordonnance de M. le Lieutenant Général de Police, qui condamne à l'amende plusieurs Particuliers & Particulieres, pour avoir été trouvez vêtus d'Indienne.

Du 29 May 1737.

* Jugement rendu par M. Herault, Conseiller d'Estat, Lieutenant Général de Police, & les Officiers du Siége Présidial du Châtelet de Paris, Commissaires du Conseil en cette Partie, qui condamne plusieurs Faux-Tabatiers en différentes peines; ordonne la confiscation de mille cinq cens quarante-huit livres de Tabac de fraude, deux Fusils & cinq Chevaux avec leurs équipages & autres effets sur eux saisis & mentionnez au Procès-verbal des Employez des Fermes des 12. 13. 14 & 17 Février 1737.

Du 29 May 1737.

* Arrest du Conseil, qui, sans avoir égard aux représentations des Marchands & des Blanchisseurs de Toille de la Ville de Saint Quentin, ordonne que l'Arrest du Conseil du 18 Février 1737. concernant les tems ausquels les Blanchissages des différentes sortes de Toilles doivent commencer & finir dans les Provinces de la Flandre Françoise & du Haynault, & dans les Généralités de Paris, d'Amiens & de Soissons, & la marque qui doit être mise par les Blanchisseurs sur les Toilles qu'ils auront blanchies, sera exécuté selon sa forme & teneur.

Du 29 May 1737.

* Arrest du Conseil, qui, en ordonnant l'exécution des Ar-

refts du Confeil des 18 Janvier & 12 Septembre 1729. & 3 Juillet 1734. fait deffenfes aux Fabriquans établis à Grandvilliers, Feuquieres, Crevecœur, Hardivilliers & autres lieux des environs, de fabriquer aucunes pieces de Serges & autres Etoffes, dans un moindre nombre de portées & de fils que celui prefcrit par lefdits Arrefts; & cependant par grace, & fans tirer à conféquence, ordonne que dans un mois, à compter du jour de la publication dudit Arreft, les Serges qui fe trouveront, foit chez les Marchands & les Fabriquans, ou montées fur les métiers, fans avoir le nombre de portées & de fils prefcrit, feront marquées à la tête & à la queuë de chaque piece d'un plomb, portant d'un côté ces mots, *Marque de Grace*, & de l'autre, 1737. ordonne en outre, que les Gardes-Jurez des Fabriquans des Bureaux de Grandvilliers, Crevecœur, Hardivilliers & Feuquieres, actuellement en exercice, feront deftituez de leurs fonctions, & condamnés en cinquante livres d'amende; & qu'il fera nommé de nouveaux Gardes-Jurez en leur place, &c.

Du 4 Juin 1737.

* Déclaration du Roy, *regiftrée en la Cour des Aydes le premier Juillet* 1737. portant qu'à l'avenir, les Receveurs Généraux des Finances, auront fur leurs Commis aux Recettes dans les Provinces, les mêmes Privileges que ceux que le Roy a fur les Charges defdits Receveurs Généraux, en vertu de l'Edit du mois d'Aouft 1669. & qu'ont les Fermiers Généraux fur les Sous-Fermiers redevables, & fur leurs Employez comptables.

Du 4 Juin 1737.

Arreft du Confeil, qui permet, à commencer du premier Juillet 1737. de tranfporter les Grains de la Province de Bretagne dans les Ports d'Efpagne, en obfervant les formalités prefcrites par l'Arreft du premier Juillet 1736. & à la charge par ceux qui feront tranfporter lefdits Grains, de rapporter aux Bureaux des Fermes des Ports d'où les Bâtimens feront partis, des Certificats de la décharge desdits Grains dans le Port d'Espagne; qui sera désigné dans leurs déclarations; & ce, dans les quatre mois après le départ desdits Bâtimens, à peine de mille livres d'amende.

Du 4 Juin 1737.

Arrest du Conseil, qui revoque celui du 24 Avril 1725. & Lettres Patentes expédiées sur icelui le 31 Juillet 1730. portant prorogation pour vingt années consécutives, à commencer au premier Octobre 1729. des Privileges & Exemptions, accordés par les Lettres Patentes des 14 Décembre 1700. & 15 Février 1710. à la Manufacture établie à Boufflers pour la Fabrique des Serges, Sempiternes, Anacostes, Ecarlatille, Couvertures de Laines fines & communes, & autres Etoffes façon d'Angleterre : en conséquence ordonne que le Sieur Merou, Entrepreneur & Propriétaire de ladite Manufacture, ses hoirs & ayant cause, cesseront de joüir des Privileges & Exemptions, portés par lesdites Lettres Patentes des 14 Décembre 1700. & 15 Février 1710. pour le tems qui reste à expirer de celui fixé par lesdits Arrêt & Lettres Patentes.

Du 4 Juin 1737.

* Arrest du Conseil, qui annulle les Lettres de Maîtrise de Drapiers drapans, obtenuës par les Foulonniers, Cardeurs, Peigneurs & autres Ouvriers de la Ville de Bourges; ordonne que les seuls Maîtres Drapiers drapans demeureront en possession de fabriquer, faire fabriquer & façonner toutes sortes de Draps & Etoffes; & revoque les prétenduës Maîtrises, par lesquelles lesdits Foulonniers, Cardeurs, Peigneurs & autres ont été érigez en corps de Communautez.

Du 16 Juin 1737.

* Arrest du Conseil, qui casse une Sentence renduë par les Vicomte, Mayeur & Echevins, Juges des Manufactures de Dijon du 10 Avril 1737. ordonne la confiscation des Etoffes dont il a été fait main-levée par ladite Sentence; à l'effet de

quoi, elles seront représentées, sinon la valeur d'icelles payée par la partie saisie, au profit des Pauvres des Hôpitaux : condamne le nommé Tardivot, à l'amende portée par l'Arrêt du 30 Juin 1733. & enjoint ausdits Juges, de se conformer à l'avenir aux Edits, Arrests & Réglemens concernant les Manufactures, à peine d'interdiction.

Du 18 Juin 1737.

* Arrest du Conseil, qui ordonne que jusqu'au dernier Décembre 1738. les Moutons, Brebis & Agneaux, qui viendront des Pays étrangers dans le Royaume, seront déchargez de tous Droits, tant des Cinq Grosses Fermes qu'autres qui se payent aux entrées des Provinces frontieres, & que ceux qui auront été nourris dans le Royaume, seront aussi exempts pendant ledit tems des Droits d'entrée & de sortie, dépendans de la Ferme Générale, à leur passage des Provinces réputées étrangeres dans celles de l'étenduë des Cinq Grosses Fermes, & de celles des Cinq Grosses Fermes dans les Provinces réputées étrangeres; & renouvelle les deffenses de faire sortir du Royaume aucuns Bestiaux de toute espéce, à peine de confiscation, de trois mille livres d'amende & autres peines portées par les Arrests du Conseil des 16 Juin 1711. 15 Mars 1712. 19 Janvier 1715. 30 Avril 1716. & 17 Juin 1717. à l'exception seulement de ceux du Pays de Gex, dont la sortie est permise par l'Arrest du 4 Janvier 1718. des Bœufs & Vaches qui pourront passer de la Flandre Françoise dans les Châtellenies d'Ypres, Furnes & Furnembac, en payant les Droits du Tarif de 1671. conformément à l'Arrest du 5 Septembre 1713. & des Bestiaux des Généralités de Montauban & Ausch, qui pourront continuer d'être commercez sur la frontiere d'Espagne, en payant les Droits ordinaires, & en observant les formalitez prescrites par l'Arrêt du 24 Juillet 1717.

Du 18 Juin 1737.

* Arrest du Conseil, qui deffend aux Maire & Echevins de la Ville d'Amiens, leurs Fermiers & Préposés, & à tous autres,

de percevoir aucuns Droits sur les Bleds passant debout par ladite Ville, à peine de concussion ; leur permet seulement, Sa Majesté, de continuer à percevoir ceux portés par l'Arrest du 17 Décembre 1709. qui sortent de ladite Ville.

Du 18 *Juin* 1737.

* Arrest du Conseil, qui permet pendant un an aux Négocians François, qui font le commerce des Isles & Colonies Françoises de l'Amérique, d'envoyer leurs Vaisseaux directement en Irlande, pour y acheter non-seulement des Bœufs & Chairs salées, mais aussi des Saumons salez, Beurres, Suifs & Chandelles, & de-là les transporter ausdites Isles & Colonies Françoises.

Du 25 *Juin* 1737.

Arrest du Conseil, qui ordonne que par le Sieur Blondel Architecte, il sera incessamment procédé à la reception des ouvrages de la construction du Bâtiment de la Fabrique du Tabac à Dieppe, ordonnée par l'Arrest du 2 Juin 1733. & autres depuis intervenus; pour ledit Procès-verbal, vû & examiné, être ordonné ce qu'il appartiendra.

Du 25 *Juin* 1737.

Arrest du Conseil, qui déclare les nommés Charles Roussin & Henry Rougier, Marchands de la Ville de Marseille, non-recevables dans leurs demandes & prétentions, consistans en des dépens, dommages & interests résultans d'une saisie faite à la Foire de Baucaire, tenuë en l'année 1719. d'une partie de Savon excédent la déclaration par eux faite, & dont ils ont obtenu main-levée par Arrest de la Cour des Comptes, Aydes & Finances de Provence du 28 Juin 1720.

Du 25 *Juin* 1737.

Arrest du Conseil, qui ordonne que le montant de l'Adjudication faite le 17 Décembre 1733. aux nommés Jacques-

André Fromageau, Gabriel Bernier & Claude Bettencourt, Entrepreneurs des ouvrages & constructions du nouveau Bâtiment pour la Manufacture du Tabac à Dieppe, ordonnés par Arrest du 2 Juin audit an, sera & demeurera fixé à cent quatre-vingt-six mille sept cens quatre-vingt-quatorze livres un sol deux deniers; sçavoir, celle de cent quarante-trois mille livres fixée par l'Arrest du 23 Mars 1734. & celle de quarante-trois mille sept cens quatre-vingt-quatorze livres un sol deux deniers, à quoi montent les nouvelles augmentations à accorder ausdits Entrepreneurs, suivant les Mémoires & observations du Sieur Blondel, en ce compris l'indemnité de trois mille livres, accordée au Sieur Sorre, par Arrest du 23 Avril 1737. & le devis des Fontaines, qui avoit été reservé lors de la premiere Adjudication; & à la charge que lesdits Entrepreneurs satisferont au suplément de charpente, & au rétablissement de partie du Pavé, déclarés nécessaires par ledit Sieur Blondel; ordonne en outre que la somme de quarante-trois mille sept cens quatre-vingt-quatorze livres un sol deux deniers, alloüée par augmentation ausdits Entrepreneurs, sera avancée par les cautions de Desboves, ainsi que celle de cent quarante-trois mille livres de la premiere fixation, suivant & conformément à l'Arrest du 2 Juin 1733. & dont il leur sera tenu compte par le Fermier Successeur, & ainsi de Bail en Bail.

Du 25 Juin 1737.

Arrest du Conseil, qui ordonne que Nicolas Desboves, Adjudicataire des Fermes, sera remboursé de la somme de trois cens quatre-vingt mille cent trente livres dix-sept sols six deniers, à quoi se sont trouvé monter les payemens faits des deniers de la quatriéme année de son Bail, pour supplément des Rentes des Paroisses de Paris, Versailles, Marly & Saint Germain-en-Laye, indemnités des réductions faites des nouvelles Rentes desdites Paroisses sur les Aydes & Gabelles & sur les Tailles; remedes fournis par le Sieur Helvetius Medecin, & envois d'iceux dans les Provinces; acquisitions de terrains, constructions de Bâtimens, ouvrages & réparations dans les Dépôts, Bureaux & Barrieres de la Ferme Génerale & dans les Manufactures de Beauvais & Seignelay; diverses dépenses pour l'utilité des Manufactures; Droits accordés à la Ville de Lyon sur les Etoffes étrangeres; Rentes sur les Depôts des Sels à Roüen; péages sur les Sels destinés pour la Savoye, Piedmont & Comté de Nice; cazernemens de Troupes dans le Pays de Gex; appointemens des Commis du Sieur Mallet; confection des Etats du Roy des petites Gabelles & autres gratifications; augmentation de salaires à la Communauté des Mesureurs au Grenier à Sel de Paris; indemnité accordée au Sieur Terrier, Sous-Fermier des Domaines de Belle-Isle en Mer; appointemens & gratification des Commis au Bureau des Tarifs, & généralement toutes les dépenses énoncées audit Arrest: à l'effet de quoi, il sera expédié audit Desboves, une Ordonnance de comptant de ladite somme de trois cens quatre-vingt mille cent trente livres dix-sept sols six deniers sur le Garde du Tresor Royal en exercice, lequel donnera en payement sa Quittance comptable, sur le prix de la quatriéme année du Bail dudit Desboves.

Du mois de Juillet 1737.

* Ordonnance de Loüis XV. Roy de France & de Navarre, *registrée en Parlement le 11 Décembre 1737.* concernant le faux principal & faux incident; & la reconnoissance des Ecritures & Signatures en matiere criminelle, *contenant trois titres, le premier composé de soixante-neuf articles, le second de cinquante-trois, & le dernier de vingt.*

Du 6 Juillet 1737.

* Ordonnance de Monsieur le Lieutenant Géneral de Police; qui condamne à l'amende plusieurs Particuliers & Particulieres, pour avoir été trouvés vêtus d'Indienne.

Du 9 Juillet 1737.

* Arrest du Conseil, qui proroge pour trois années, à compter du 24 Aoust 1737. les deffenses ci-devant faites aux Juges des Manufactures & autres Juges de Roüen, Dernetal, Louyiers,

viers, Elbœuf & Orival, de recevoir aucuns Maiſtres Drapiers drapans dans ces Manufactures, pour la Fabrique des Draps y ſpécifiez; & aux Maîtres Drapiers drapans, de recevoir aucuns apprentifs pendant ledit tems; le tout à l'exception des fils de Maîtres, & ſous les peines portées par ledit Arreſt.

Du 16 Juillet 1737.

* Arreſt du Conſeil, qui caſſe une Sentence renduë par les Vicomte-Mayeur & Echevins, Juges des Manufactures de Dijon du 10 Avril 1737. ordonne la confiſcation des Etoffes, dont il a été fait main-levée par ladite Sentence; à l'effet de quoi, elles ſeront repréſentées, ſinon la valeur d'icelles payée par la partie ſaiſie, au profit des Pauvres des Hôpitaux; condamne le nommé Tardivot, à l'amende portée par l'Arreſt du 30 Juin 1733. & enjoint auſdits Juges, de ſe conformer à l'avenir aux Edits, Arreſts & Réglemens concernant les Manufactures, à peine d'interdiction.

Du 16 Juillet 1737.

* Arreſt du Conſeil, qui proroge pour un an, à compter du 15 Octobre 1737. l'exemption des Droits, portée par l'Arreſt du 23 Septembre 1732. ſur les Bleds, Fromens & autres Grains, Farines & Legumes qui ſeront tranſportez des Provinces des cinq Groſſes Fermes, dans les Provinces réputées étrangeres, & des Provinces réputées étrangeres, dans celles des cinq Groſſes Fermes, ſous les conditions & en obſervant les formalitez preſcrites par ledit Arreſt.

Du 16 Juillet 1737.

* Arreſt du Conſeil, qui permet pendant un an, à commencer du 15 Septembre 1737. ſans qu'il ſoit beſoin de permiſſions particulieres, aux Marchands & Habitans, tant de la Provence que des autres Provinces, de faire voiturer en Provence des Grains des autres Provinces du Royaume; à la charge ſeulement par ceux qui feront paſſer des Grains en Provence

F *

pendant ledit tems, de faire pardevant les Sieurs Intendans, ou leurs Subdélegnez, declaration de la quantité de Grains qu'ils feront transporter dans ladite Province, & leur soûmission de rapporter la preuve du déchargement qui y aura été fait desdits Grains; ordonne que tous les Grains, Farines ou Legumes qui seront voiturés & conduits en Provence, soit par la Mer, par les Rivieres ou par terre, seront & demeureront francs & exempts, tant des Droits des Fermes de Sa Majesté, que de tous Droits Locaux, de travers, péages, passages, pontonages, coûtumes & autres de toute nature, soit qu'ils appartiennent à des Villes & Communautés, ou à des Seigneurs Ecclésiastiques ou Laïcs; & deffend à tous Receveurs, Commis & autres Préposez à la perception des Droits, tant de ses Fermes, que Villes & Communautés & des Seigneurs Particuliers, d'en exiger aucun pour raison desdits Grains, à peine de concussion & de restitution du quadruple, même d'être poursuivis extraordinairement.

Du 16 Juillet 1737.

* Lettres Patentes du Roy, qui autorisent le Réglement du même jour, pour la fabrique des Etoffes dans la Généralité d'Alençon, *registrées en Parlement le* 21 *Octobre* 1737. *contenant soixante-treize articles*, dont les 48. 49. 52. 54. & 60e. portent que lesdites Etoffes seront marquées en tête & en queuë du nom & demeure du Fabriquant, & qu'il y sera apposé un plomb à chaque bout au Bureau de Fabrique, avec deffense, tant aux Fabriquans, qu'aux Marchands, de les vendre sans lesdites marques, à peine de vingt livres d'amende, & le 63e. dispense du timbre, les Registres que les Gardes-Jurez sont obligés de tenir, pour enregistrer les Etoffes qu'ils auront visitées & marquées.

Du 16 Juillet 1737.

Arrest du Conseil, qui casse une Ordonnance des Maire, Echevins, Assesseurs & Communauté de la Ville de Nantes du 26 Juin précedent, par laquelle il est fait deffense à toutes personnes de faire sortir des Grains & Farines, sans en avoir fait leur déclaration au Greffe de la Police, & obtenu permiſſion par écrit; & ordonné qu'il ſeroit délivré une expédition de ladite Ordonnance au Directeur des Fermes, afin qu'il ne délivrât aucun congé ni billets de baiſſages ou ſortie, juſqu'à ce qu'il en eût été autrement ordonné; & fait deffenſes auſdits Maire & Echevins, de rendre de pareilles Ordonnances.

Du 16 Juillet 1737.

Arreſt du Conſeil, portant que par M. l'Intendant de la Généralité de Paris, il ſera procédé à l'Adjudication au rabais & moins diſans, des réparations à faire aux pieds droits de la grande Porte d'entrée de l'Hôtel de la Manufacture Royale des Tapiſſeries de Beauvais, conformément au Mémoire eſtimatif qui en a été dreſſé, montant à la ſomme de deux cens livres, du montant de laquelle, l'Adjudicataire ſera payé ſur les Ordonnances dudit Sieur Intendant, par l'Adjudicataire des Fermes, auquel il en ſera tenu compte ſur le prix de ſon Bail, en rapportant l'expédition ou copie collationnée dudit Arrêt, le Mémoire eſtimatif y mentionné, les Procès-verbaux d'Adjudication & de reception deſdits ouvrages, les Ordonnances du Sieur Intendant, & les Quittances de l'Entrepreneur ſur ce ſuffiſantes.

Du 16 Juillet 1737.

Arreſt du Conſeil, qui évoque en icelui l'appel interjetté à la Cour des Aydes de Paris, par Nicolas Desboves, Adjudicataire des Fermes Générales Unies, d'une Sentence du Juge des Traittes d'Angers du premier Avril 1736. par laquelle le nommé Jacques Roger, Voiturier par eau ſur la Riviere de Loyre, a été renvoyé de la demande du Fermier, tendante à la confiſcation de ſoixante-deux mille quatre cens dix-ſept livres de fer, provenans des Forges de Clavieres, excédent la quantité déclarée au Bureau des Fermes de Saumur, & celle portée au paſſeport expédié le 21 Novembre 1734. pour faire paſſer leſdits fers au Port de Breſt, en exemption des Droits, attendu leur deſtination pour le ſervice de la Marine : fait déſenſes de faire aucunes pourſuites ailleurs qu'au Conſeil, à peine de nullité, cassation de procédures, & de tous dépens, dommages & interêts.

Du 23 Juillet 1737.

* Déclaration du Roy, *registrée en la Chambre des Comptes le 3 Août* 1737. concernant les délais accordez aux Payeurs des Gages des Officiers des Chancelleries, près les Cours Supérieurs, qui prennent leurs fonds sur les Fermes Générales, pour rendre leurs comptes des années 1734. 1735. 1736 & 1737. *contenant deux articles.*

Du 30 Juillet 1737.

* Arrest du Conseil, portant Réglement pour la vente & distribution du Tabac dans l'étenduë des Paroisses d'Estraong, Ferron & la Roüillie, qui composent la Baronnie d'Estraong en Haynault, appartenante à S. A. S. M. le Duc d'Orleans, *contenant six articles.*

Du 30 Juillet 1737.

Arrest du Conseil, qui ordonne que par le Sieur Barantin, Intendant & Commissaire départi en la Généralité de la Rochelle, il sera incessamment procédé à l'Adjudication au rabais & moins disant, en la maniere accoûtumée, des réparations à faire à la Maison servant de Bureau dans la Ville de Rochefort; du prix desquels Ouvrages, les Entrepreneurs seront payez sur les Ordonnances dudit sieur Intendant par Nicolas Desboves, Adjudicataire des Fermes Générales Unies, auquel il en sera tenu compte sur le prix de son Bail.

Du mois d'Août 1737.

* Ordonnance de Loüis XV. Roy de France & de Navarre, *registrée en Parlement le 11 Décembre* 1737. concernant les Evocations & les Réglemens de Juges, portant, article XXI. du titre premier, que les Causes ou Procès, tant civils que criminels, pendant aux Cours des Aydes, à l'occasion des Fermes du Roy & l'exécution des Baux, circonstances & dépendances, même

tous Procès des Fermiers en nom collectif, ou des Adjudicataires des Fermes contre leurs Commis en matiere civile ou criminelle, ne pourront être évoqués sur les parentez ou alliances des Officiers des Cours des Aydes, avec aucuns des Interessez esdites Fermes, en quelque degré que ce soit ; le tout sans préjudice des Evocations du chef de ceux desdits Interessez ou de leurs Commis, qui seroient parties en leur propre & privé nom, & pour un interest autre que celui des Fermes.

Du 6 Août 1737.

* Arrest du Conseil & Lettres Patentes, *registrés en la Cour des Aydes de Paris & au Parlement de Dijon le 13 Septembre 1737.* qui interpretent l'article premier de celui du 2 Octobre 1736. servant de Réglement pour la perception des Droits de la Doüanne de Lyon, sur les Marchandises non comprises au au Tarif de ladite Doüanne ; ordonnent que les Vins & autres Marchandises, continuëront d'acquitter les Droits du Tarif de 1664. au Bureau de Digoin ou autres des cinq Grosses Fermes, à l'exception de ce qui sortira de la Ville de Lyon, avec acquit de payement des Droits de ladite Doüanne.

Du 9 Août 1737.

* Arrest de la Cour de Parlement, portant Réglement en faveur des Fermiers des Coches, Carosses & Messageries, qui leur confirme le Droit de la conduite & translation des Prisonniers, Procès civils & criminels, à l'exclusion de tous autres.

Du 13 Août 1737.

Arrest du Conseil, qui déboute Jean-Baptiste Duval, Maître de la Gabarre La jolie Jeanne, de son opposition à l'exécution de l'Arrest du 19 Juillet 1735. par lequel Sa Majesté, pour faire cesser les abus qui pourroient résulter du transport à l'étranger de la chaux & autres matériaux propres à la construction des Bâtimens, a condamné ledit Duval en trois cens livres d'amende, faute par lui d'avoir rapporté un acquit à caution dûement déchargé par les Commis de Saint Malo, pour raison de dix-huit Tonneaux de chaux qu'il y devoit décharger, & qu'il a été suspecté d'avoir versé aux Isles Angloises de Gersey ou Grenesey.

Du 13 Août 1737.

* Arrest du Conseil, qui ordonne que par le Sieur Bernage de Saint Maurice, Intendant & Commissaire départi en la Province de Languedoc, il sera incessamment procédé à l'Adjudication au rabais & moins disant en la maniere accoûtumée, des ouvrages à faire pour la construction d'une Maison destinée à servir de Bureau des Traittes, au Port de la Nouvelle en Languedoc; du prix de laquelle construction, les Entrepreneurs seront payés sur les Ordonnances de l'Intendant par Nicolas Desboves, Adjudicataire des Fermes Générales Unies, auquel il en sera tenu compte par le Fermier qui lui succedera, & ainsi de Bail en Bail.

Du 14 Août 1737.

* Ordonnance de M. le Lieutenant Général de Police, qui condamne plusieurs Particuliers & Particulieres, chacun en l'amende de trois cens livres, pour avoir été trouvés vêtus d'Indienne.

Du 20 Août 1737.

Arrest du Conseil, qui casse & annulle deux Arrests de la Cour des Aydes de Guyenne des 6 & 23 Février 1737. & tout ce qui s'en est ensuivi; ordonne que l'article VIII. de la Déclaration du 25 Mars 1732. l'Arrest du Conseil & les Lettres Patentes des 25 Janvier 1724. & 21 Février 1736. seront exécutés selon leur forme & teneur; fait deffenses à David Mendez, Juif de Nation à Bordeaux & à ses complices, de récidiver, à peine de punition exemplaire; & le condamne en tous les dépens liquidez à la somme de trois cens livres, pour la rebellion & refus par lui faits aux Employés de la Ferme du Tabac, de souffrir la visite desdits Employés, sous prétexte qu'ils n'étoient accompagnés d'aucun Juge, quoiqu'ils en soient dispensez par les Lettres Patentes du 21 Février 1736. & non-obstant la Requeste en plainte, formée par ledit Mendez, tendante à anéantir les preuves résultantes du Procès-verbal des Employez.

Du 23. Août 1737.

* Arrest de la Cour des Aydes, portant Reglement en faveur des Fermiers des Coches, Carosses & Messageries, qui leur confirme le droit de la conduite & translation des Prisonniers, Procès civils & criminels, à l'exclusion de tous autres, aux peines y portées.

Du 27. Août 1737.

* Arrest du Conseil, qui défend la sortie des Grains du Poitou & de la Bretagne pour l'étranger, à l'exception de ceux de ladite Province de Bretagne, qui pourront être transportez dans les Ports d'Espagne, conformément à l'Arrest du 4 Juin 1737. & en observant les formalités prescrites par celui du 28 Octobre 1732.

Du 27. Août 1737.

* Arrest du Conseil, qui en interprêtant celui du 3. Juillet 1692. modere à cinq sols de la livre pesant les droits de sortie du Royaume sur les Galons, Franges, Dentelles, & Tresses d'Or & d'Argent faux.

Du 28. Août 1737.

* Arrest de la Cour du Parlement; portant défenses à tous Portiers & autres Domestiques préposés à la garde des Portes, d'exiger n'y recevoir aucune somme pour les significations qui leur seront laissées, avec injonction de recevoir lesdites significations sous telles peines qu'il appartiendra.

Du 29. Août 1737.

* Arrest du Conseil, qui ordonne que le sieur Philibert Gar-

nier, Garde en exercice des Marchands de la Ville de Macon, sera & demeura destitué des fonctions de Garde de la Communauté desdits Marchands, & que le sieur Chaudon Marchand de la même Ville ne pourra à l'avenir être Elû ni nommé Garde de ladite Communauté, avec défenses ausdits Garnier & Chaudon d'assister aux assemblées de ladite Communauté, & aux Marchands de les y admettre, ni de les nommer pour remplir aucunes charges, ni exercer aucunes fonctions publiques dans ladite Communauté; & fait défenses à tous Marchands & Fabriquans d'insulter ou troubler les Inspecteurs des Manufactures lors des Visites qu'ils feront dans leurs Boutiques & Magasins, à peine de cinq cens livres d'amende, de déchéance de la Maîtrise, & d'interdiction du Commerce pour toujours, même de plus grande peine s'il y échet.

Du 29. Août 1737.

Arrest du Conseil, qui casse & annulle une Sentence du Juge des Fermes de Bordeaux du 6. Juillet 1737. évoque au Conseil les contestations d'entre le Sieur Fanning Négociant Anglois à Bordeaux, d'une part; le Directeur du Bureau des Fermes de ladite Ville, & le sieur Hutin proprietaire d'une Manufacture de Fayance près Bordeaux de l'autre, à l'occasion des Droits d'Entrée sur soixante-cinq panniers de Fayance ou Poterie de grais venus d'Angleterre pour le compte dudit sieur Fanning, qu'il ne prétendoit acquitter qu'à raison de deux livres dix sols du cent pesant, au lieu de vingt livres que le Fermier & ledit sieur Hutin soutenoient être dus comme Fayance, suivant l'Arrêt du Conseil du 26 Février 1692. Ordonne que les Parties procederont au Conseil, & qu'à cet effet, elles remettront incessamment leurs piéces & Mémoires entre les mains du sieur Controlleur général des Finances; leur fait défenses de faire aucunes poursuites ailleurs, à peine de nullité, cassation, & de tous dépens, dommages & interêts.

Du 3. Septembre 1737.

Arrest du Conseil, portant que par le Trésorier de l'Octroy de de la Ville de Bordeaux il sera payé au Receveur général des Fermes de ladite une somme du mille six cens vingt sept livres neuf sols 9. deniers avancée par Nicolas Desboves Adjudicataire des Fermes Générales Unies au sieur Metreville Inspecteurs des Manufactures de Toiles à Rouen, &c.

Du 3. Septembre 1737.

Arrêt du Conseil, qui par grace & sans tirer à conséquence fait main-levée à Jaume Jalpy, Patron Catalan, Maître de la Barque le Saint Antoine sur lui saisie par les Employés des Fermes du Poste de Saint Peire près Narbonne le 29. Mai 1736. ensemble des agrés apparaux, & Marchandises des Indes dont ladite Barque étoit chargée; & deboute ledit Jalpy du surplus de ses demandes, en dommages, intérests & dépens.

Du 3. Septrmbre 1737.

Arrest du Conseil, portant que la Requète de Nicolas Desboves, Adjudicataire des Fermes Générales Unies, tendante à cassation d'un Arrest de la Cour des Aydes de Paris, du 29. Mars 1737. confirmatif d'une Sentence du Juge des Traittes de la Rochelle du 18. Mai 1736. qui avoit accordé main-levée de trente trois Barriques de Vin appartenant au sieur de Bellegarde, Conseiller au Parlement de Bordeaux & saisi par les Employés des Fermes au Port de Conac dépendant du Bureau de Mortagne sur Gironde, sur les nommés Dalabid & la Rade, dit Pierry, faute de Déclaration & de payement des Droits de la Traitte de Charente, sera communiquée ausdits sieurs de Bellegrade, Dalabid & la Rade, pour y fournir de reponse dans le délai de deux mois, sinon qu'il sera par Sa Majesté fait droit, ainsi qu'il appartiendra.

Du 3. Septembre 1737.

Arrest du Conseil, qui casse une Sentence des Officiers de l'Amirauté de la Rochelle du 3. Janvier 1737. par laquelle il a été fait main-levée de vingt-cinq Ballots de Marchandises de contrebande, provenans des ventes de la Compagnie des Indes, & saisies par les Employés des Fermes au Port de la Rochelle les 4. 5. & 6. Décembre 1736. sur Louis le Beuf ainsi que de sa Barque, agrés & apparaux pour avoir déchargé lesdites marchandises dans l'Isle de Ré, au lieu de les avoir portées à Saint Sebastien, conformément à la soumission faite au Bureau du Port Louis, & à lacquit, à caution expedié en conséquence; évoque & renvoye l'Instance pardevant M. l'Intendant de la Rochelle pour instruire & juger souverainement & en dernier ressort le Procès aux auteurs complices, fauteurs, participes ou adherans de la fraude en question.

Du 3. Septembre 1737.

Arrest du Conseil, qui liquide à la somme de cinq cent quarante trois mille huit cent quarante-sept livres dix-huit sols six deniers le remboursement dû à Nicolas Desboves, Adjudicataire Général des Fermes Unies, pour le montant des Droits, non perçus sur les Marchandises Denrées & autres effets mentionnées aux passeports qui en ont été expediés par les Ordres du Roy, pendant la troisiéme année du Bail dudit Desboves, commencée le premier Octobre 1734. & finie le dernier Septembre 1735.

Du 7. Septembre 1737.

* Arrest du Conseil, portant que les Riverains des Côtes du Ressort de l'Amirauté de Barfleur, qui brûlent les herbes de Mer connuës sous les noms de Varech ou Vraicq, pour en faire de la Soude, ne pourront les faire brûler que dans le tems que le vent viendra de Terre & portera du côté de la Mer, à peine de trois cens livres d'amende, veut cependant que les fourneaux servant à faire brûler lesdires herbes qui auront été allumées pendant que le vent portera du côté de la Mer puissent, encore que ledit vent vienne à changer, & porter du côté de la Terre, être entretenus allumés pendant deux heures, après lesquelles ledit vent continuant à porter du côté de la Terre, ils seront tenus d'éteindre lesdits fourneaux sous les mémes peines.

Du 7. Septembre 1737.

* Arrest du Conseil, portant qu'il sera payé à l'avenir au sieur Pierre Pinson, Maître de Quay à la Rochelle, & à ses Successeurs par les Maîtres des Bâtimens, portant Masts, Voiles, & Gouvernail, tant François qu'Etrangers, qui entreront dans le Port & Havre de la Rochelle, cinq deniers par tonneau du Port desdits Bâtimens, au lieu de trois deniers par tonneau à lui accordés par le Reglement des Officiers de l'Amirauté de la Rochelle du 21. Octobre 1730.

Du 7. Septembre 1737,

* Déclaration du Roi, *registrée au Parlement le 20. Septembre suivant*, portant défenses aux Boulangers de la Ville & Fauxbourgs de Paris, d'acheter aucuns Bleds ni Farine dans l'étenduë de dix lieues aux environs de ladite Ville, si ce n'est aux ports, Places, & Marchés d'icelle, & aux Marchés de Limours, Brie-Comte-Robert, & Mennecy. *Contenant quatre Articles.*

Du 10. Septembre 1737.

* Arrest du Conseil, qui revoque les permissions accordées par les Arrests des 6. Décembre 1735. 10. Janvier, 24. Avril, & 18. Septembre 1736. & 16. Avril 1737. & en conséquence, défend de transporter aucuns Grains & Farines des Provinces de Picardie, Artois, Flandre, Haynault, des trois Evêchés de Metz, Toul, & Verdun, & de la Province du Languedoc, dans les Pays Etrangers, sous les peines portées par les Reglemens.

Du 10. Septembre 1737.

Arrêt du Conseil, qui ordonne à M. le Procureur Général de la Cour des Aydes de Bordeaux, d'envoyer les motifs d'un Arrest de ladite Cour du 10. Aoust 1736. par lequel une amende de mille livres prononcée par Sentence des Officiers de l'Election de Bordeaux contre les nommés Simon, Nadeau,

& Tesson, pour saisie de deux cent vingt livres de faux Tabac de l'Amérique, a été moderée à trois cent livres, nonobstant les défenses portées par les Réglemens de 1707. & 1721. pour lesdits motifs vûs & examinés, être par Sa Majesté ordonné ce qu'il appartiendra.

Du 10. *Septembre* 1737.

Arrest du Conseil, qui ordonne à M. le Procureur Général de la Cour des Aydes de Bordeaux, d'envoyer les motifs d'un Arrest de ladite Cour du 19. Août 1736. rendu sur l'Appel de deux Sentences, l'une de l'Election de Bordeaux du 26 Février précedent, portant confiscation de 29. livres de faux Tabac d'Espagne, & soixante quatorze piéces de Mouchoirs façon des Indes, une piéce d'Etamine de soye, saisis sur les nommés Soulet & Andriche, & condamnation de mille livres d'amende, & l'autre du Juge des Traittes de la même Ville du 13. Mars suivant, qui confisque sur les mêmes lesdites soixante quatorze piéces de Mouchoirs à careaux façon des Indes, & la piéce d'Etamine de soye, & les condamne en cent cinquante livre d'Amende, par lequel Arrest ladite Cour des Aydes à confirmé lesdites Sentences, en ce qui concerne les confiscations, & a moderé les deux amendes à trois cens livres seulement, pour lesdits motifs vûs & examinés être par Sa Majesté ordonné ce qu'il appartiendra.

Du 10. *Septembre* 1737.

Arrest du Conseil, qui en casse un de la Cour des Aydes de Paris du 15. Juin 1736. par lequel ladite Cour avoit ordonné que les Parties en viendroient à l'Audience pour être fait droit sur la conversion en la peine des Galeres requise par le Fermier contre le nommé Pierre Blondelot, faute par lui d'avoir consigné dans le mois du jour de la condamnation la somme de trois cens livres a compte de celle de mille livres prononcée contre lui par autre Arrêt de ladite Cour du 20. Janvier précédent, pour avoir été surpris vendant du Tabac de contrebande, & commet M. l'Itendant de Châlons pour prononcer ladite conversion avec le nombre de Gradués requis par l'Ordonnance.

Du 10. *Septembre* 1737.

* Arrest du Conseil, qui ordonne à M. le Procureur Général de la Cour des Comptes, Aydes & Finance de Provence, d'envoyer les motifs d'un Arrest de ladite Cour du 28. May 1736. confirmatif de trois Sentences rendues par le Maître des Ports d'Antibes, dont la premiere du trois Octobre 1736. admet le nommé Jacques Aubin arrêté avec du faux Tabac, à s'inscrire en faux contre le Procès verbal de saisie, quoiqu'il n'eût remis ses moyens au Greffe que le quatriéme jour après l'inscription formée, au lieu de les avoir déposés dans les vingt quatre heures, conformément à la Déclaration du 25. Mars 1732. la seconde du 24. Septembre, ordonne l'élargissement dudit Aubin, & la troisiéme du trois Novembre suivant reçoit sa femme pour caution, pour lesdits motifs vûs & examinés, être par Sa Majesté ordonné ce qu'il appartiendra toutes choses jusqu'à ce demeurant en état.

Du 10. *Septembre* 1737.

Arrest du Conseil, qui déboute les Etats de la Province d'Artois, des fins & conclusions de leur Requête, tendantes à être déchargés du payement d'une somme de cent mille livres restant à payer de celle de cent cinquante mille livres, offerte par ladite Province, & acceptée par Arrest du Conseil du 4. Juin 1715. à titre d'abonnement pour tenir lieu des Droits sur les Huiles pendant les neuf années & demie que devoit durer le Bail desdits Droits fait à Louis Mignot, commencé le premier Octobre 1714. & ordonne que ladite somme de cent mille livres sera payée par lesdits Etats ès mains du Receveur Général du Pays d'Artois, & par lui portée au Trésor Royal.

Du 17 *Septembre* 1737.

Arrest du Conseil, qui permet aux Marchands, Négocians & autres de la Province de Bretagne, de faire des envoys de Seigle & d'Orge à l'étranger, par les Ports désignés dans les Arrêts du Conseil des 22 Avril, 6 May, 28 Octobre & 16 Décembre 1732. & 21 Avril 1733. en observant les formalités prescrites par celui du 28 Octobre 1732.

Du 17 Septembre 1737.

Arrest du Conseil, qui ordonne l'exécution des différents articles des Titres I. II. & VI. de l'Ordonnance des cinq Grosses Fermes du mois de Février 1687. ainsi que de l'Arrest du Conseil & Lettres Patentes des 9 Août & 30 Septembre 1723. & en conséquence, que les Capitaines des Bâtimens François & Etrangers, qui viendront dans le Port du Havre chargés de Marchandises destinées partie pour le Havre, & partie pour Roüen, seront tenus de décharger celles destinées pour le Havre dans les trois premiers jours de leur arrivée, & d'en partir dans les vingt-quatre heures après la décharge desdites Marchandises, pour se rendre à Rouen.

Du 30 Septembre 1737.

* Déclaration du Roy, *registrée au Parlement le* 21 *Octobre* 1737. qui permet aux Armateurs & Négocians, qui font commerce dans les Isles & Colonies Françoises de l'Amérique, de charger à fret pour Cadix des Marchandises du Royaume, à condition qu'ils n'en pourront prendre aucunes dans le Port de Cadix, pour les porter ausdites Isles, où ils iront charger des Marchandises de retour pour France, sous les peines portées par l'article XXVII. des Lettres Patentes du mois d'Avril 1717. qui prononce la confiscation des Vaisseaux & Marchandises, & mille livres d'amende, avec injonction au Consul de visiter lesdits Vaisseaux à leur départ de Cadix, pour constater qu'ils sont partis de ce Port sans aucune charge, & aux Gouverneurs & Intendans des Isles & Colonies, de faire de pareilles visites à l'arrivée desdits Vaisseaux, pour constater qu'ils y sont arrivez au même état.

Du 30 Septembre 1737.

* Département de Messieurs les Fermiers Généraux, pour le service des Fermes Royales-Unies, pendant la sixieme année du Bail de M^e^. Nicolas Desboves.

FIN.

TABLE
DES EDITS, DECLARATIONS, ARRESTS ET REGLEMENS,

Rendus pendant la Cinquiéme Année du Bail de Me NICOLAS DESBOVES.

Commencée le premier Octobre 1736. & finie le dernier Septembre 1737.

CONCERNANT les Gabelles de France, Lyonnois, Dauphiné, Provence, Languedoc, Roussillon, Auvergne; Salines de Moyenvick, Gabelles des Evêchez de Metz, Toul & Verdun, Gabelles & Domaines de Franche-Comté & d'Alsace, & Droits manuels.

Du 2 Octobre 1736.

* RREST du Conseil, qui ordonne que les Articles CXCXVI. & CXCXVII. du Bail General des Fermes du 19 Août 1726. & l'Arrest du Conseil du 10 May 1735. servant de Reglement pour faciliter les Voitures des Sels sur les Rivieres du Rhône,

de la Saône & de l'Izere, seront executez selon leur forme & teneur; casse & annulle la Sentence de la Conservation de Lyon du 2 Juin 1736. par laquelle l'Entrepreneur de la Voiture des Sels avoit été condamné à payer au sieur Estienne Roux, Marchand Voiturier sur la Riviere de Saône, la somme de six cens livres tant pour la valeur de ses foins gâtés, que pour toutes autres prétentions, dommages & interests, résultans du Naufrage de deux de ses Bateaux coulez à fonds, par les Barques chargées de Sel, faute par lui de les avoir rangez en conformité de l'Arrêt du 10 May 1735. décharge ledit Entrepreneur des Voitures des Sels, des condamnations prononcées contre lui par ladite Sentence; ordonne que les sommes qu'il auroit pû payer en vertu d'icelle lui seront restituées, & fait défenses aux Juges de la Conservation de Lyon, & à tous autres en pareils cas, de rendre de semblables Sentences, à peine de nullité & de tous dépens, dommages & interests.

Du 9 Octobre 1736.

Arrest de Conseil, qui déboute les Maire, Echevins & Habitans de la Ville de Nantes, des fins & conclusions de leur Requeste, tendante à être déchargez du payement d'une somme de dix-huit mille livres, à laquelle ils ont été condamnés par Arrest du 15 Février 1735. par forme de restitution pour l'induë jouissance du Droit de Boëte, destiné au nétoyement & balizage de la Riviere de Loire, par eux perçû depuis le premier Février 1702. & supprimé par ledit Arrest du 15 Février 1735.

Du 9 Octobre 1736.

Arrest du Conseil, qui conformément à l'avis du sieur Intendant & Commissaire départy en la Province de Languedoc, supprime à commencer du premier Novembre 1736. les Greniers à Sel établis à Meze & à Frontignan, & ordonne que celui établi à Marseillan sera transferé dans la Ville d'Agde, pour le Sel y être distribué au Peuple à la Tremuye, par Minot, demi-Minot, quart de Minot & huitiéme de Minot, & aux mêmes prix & droits qui se perçoivent actuellement au Grenier de Marseillan, sans qu'il soit rien changé à la Jurisdiction des Gabelles d'où ladite Ville d'Agde & ledit lieu de Marseillan sont ressortissans.

Du 9 Octobre 1736.

Arrest du Conseil, qui avant faire droit sur la Requeste des Presidens, Grenetiers, Controlleurs & Avocats du Roy au Grenier à Sel de Paris, tendante à ce que le sieur Bachelier Procureur du Roi audit Grenier, soit débouté de la demande par lui formée à la Cour des Aydes, par laquelle il prétend avoir droit de joüir du tiers, tant des épices des affaires ordinaires & civiles, que dans les autres émolumens attribuez aux Officiers, & les deux tiers des épices en matieres criminelles, ordonne que ladite Requeste sera communiquée audit sieur Bachelier, pour sa réponse vûe & examinée, être ordonné ce qu'il appartiendra.

Du 16 Octobre 1736.

* Arrest du Conseil, qui maintient les Doyen, Chanoines & Chapitre de l'Eglise de Lyon, dans les Droits de Péage par eau sur la Riviere de Saône, & par terre dans l'étenduë de la Seigneurie de Rochetaillée, Generalité de Lyon, aux charges, conditions, exemptions & suivant le Tarif inseré dans ledit Arrest, lesdits Droits consistans entr'autres en trois sols quatre deniers par muid de Sel composé de dix sommées, & en quatre deniers par chaque Bête chargée de Sel.

Du 16 Octobre 1736.

Arrest du Conseil, qui proroge pendant neuf années la levée & perception au profit des Peres Jesuites de la Ville d'Autun, de dix sols sur chaque Minot de Sel qui sera vendu & debité au Grenier à Sel d'Autun & Chambre à Sel de Moncenis.

Du 16 Octobre 1736.

Arrest du Conseil, qui ordonne que nonobstant les défenses portées par les Commissions des Tailles d'imposer autres & plus fortes sommes que celles y contenues, il sera imposé sur tous les Habitans de la Paroisse d'Ineuil celle de cent quatre livres, ſix ſols, huit deniers, & ce par un Rolle particulier, au marc la livre de l'Impoſt du Sel de l'année 1736. par François Meunier, François Moreau, Jean de Lavau & Loüis Dupuy, principaux Habitans de lad. Paroiſſe qui en ont fait l'avance, leſquels en feront le recouvrement; & ſera ledit Rolle verifié & rendu executoire par le ſieur Commiſſaire départi en la Generalité de Bourges, ou par ſon Subdelegué; ordonne en outre que le recouvrement de la ſomme de cent vingt-neuf livres, dix-huit ſols ſept deniers, que les Habitansont reconnu devoir de reſte ſur leur taux dudit Impôt de 1735. ſera pareillement fait par leſdits Meunier, Moreau, Delavau & Dupuy, ſuivant & conformément au Procès-verbal du 12 Août 1736. dont copie collationnée & rendue executoire par ledit ſieur Intendant ou ſon Subdelegué, leur ſera remiſe.

Du 30 Octobre 1736.

* Arreſt du Conſeil, qui ayant égard aux repreſentations des Religieuſes de la Chartreuſe de Salette, ſur l'Arreſt du 26 Septembre 1730. les maintient dans le Droit de Péage ſur la Riviere du Rhône, appellé Vingtain de Quirieu, pour être perçû au Port de Vertrieu, Generalité de Dauphiné, ſuivant le Tarif inſeré audit Arreſt; lequel droit de Péage conſiſte entr'autres en trois ſols, neuf deniers par charge de Sel du poids de ſix cens livres poids de marc, & ne doit être perçû qu'au Port de Vertrieu, ſans que leſdites Religieuſes de Salette puiſſent percevoir à l'avenir aucun Droit de Péage ou Vingtain audit lieu de Quirieu.

Du 30 Octobre 1730.

Arreſt du Conſeil, qui ordonne au Procureur General en la Cour des Aydes de Clermont-Ferrand, d'envoyer au ſieur Controlleur General des Finances, les motifs d'un Arreſt de ladite Cour, du 23 Juillet 1736. confirmatif d'une Sentence des Juges du Dépôt de Riom, du 22 Février précédent, par laquelle après une premiere Sentence des mêmes Juges qui avoit admis le nommé Perricault Salorgier, à Beauregard-Levéque, à s'inſcrire en faux contre le Procès-verbal de ſaiſie de quatre balles de Sel à lui appartenantes & qu'il vendoit en Fauxſaunage, dans la Ville du Pont-du-Château, ont fait main-levée de la personne qui conduisoit le Sel, ainsi que des Chevaux & Charette & décreté les Employez, quoique Perricault n'eût pas satisfait dans le tems fatal aux formalitez prescrites par les Art. III. & V. de la Déclaration du Roi, du 25 Mars 1732. pour lesdits motifs vûs & examinés, être par Sa Majesté ordonné ce qu'il appartiendra, toutes choses jusqu'à ce, demeurant en état.

Du 30 Octobre 1736.

Arrest du Conseil, portant que le Procureur General de la Cour des Comptes, Aydes & Finances d'Aix, envoyera au sieur Controlleur General des Finances, les motifs d'un Arrest de ladite Cour, du 30 Juin 1736. par lequel en ordonnant le submergement des Sels de Verrerie, saisis chez le sieur Ferre, chef de la Verrerie de la Ville de Toulon, ladite Cour a accordé aux Gentilshommes Verriers, la faculté de retenir une certaine quantité desdits Sels sous prétexte qu'ils en ont besoin pour la perfection de leurs ouvrages, quoiqu'il n'y eût aucune Loy qui autorisât la Cour des Comptes à donner de pareilles permissions; & déchargé ledit sieur Ferre de l'amende de trois cens livres prononcée contre lui par le Juge des Gabelles de Toulon, pour lesdits motifs vûs & examinés, être pat Sa Majesté ordonné ce qu'il appartiendra, toutes choses jusqu'à ce demeurant en état.

Du 30 Octobre 1736.

Arrest du Conseil, qui sans tirer à consequence, accorde à l'Hôpital General de Roüen, la quantité de quarante minots de Sel outre les vingt-quatre minots pour lesquels il est employé dans les Etats des Gabelles & ce, pendant chacune des trois années commencées le premier Octobre 1736. & finies le dernier Septembre 1739. de laquelle quantité de quarante minots pour chacune desdites trois années, il sera tenu compte au Fermier General dans ses Etats & Comptes de chacune de ces trois années en rapportant l'expedition ou copie collationnée dudit Arrest avec les certificats de la délivrance, signez par trois des Administrateurs dudit Hôpital.

Du 20 Novembre 1736.

Arrest du Conseil, qui déboute Etienne Bazin, Sous-Fermiers des Sels Rozieres du Bailliage de Besançon, de son opposition à celui du 11 May 1734. par lequel Sa Majesté a évoqué à soy & à son Conseil l'assignation donnée à Loüis Bourgeois subrogé à Charles Cordier, ci-devant Régisseur des Fermes Generales-Unies, le 23 Novembre 1732. à la Requeste dudit Bazin, pour proceder au Parlement de Besançon, tant sur l'appel du *visa* du Juge des Salines de Salins, que sur celui des décrets d'ajournement personnel par lui décernés contre les Auteurs de la rebellion faite lors de la capture dudit Bazin, en vertu d'une contrainte du Fermier, pour le payement du prix des Sels à lui fournis en sa qualité de Sous-Fermier; ensemble l'assignation donnée à son Procureur en la Jurisdiction des Salines de Salins, & icelles circonstances & dépendances, a renvoyées en la Cour des Aydes de Dole, pour y être sur le tout fait droit aux Parties ainsi qu'il appartiendroit; en conséquence a fait défenses au Parlement de Besançon d'en connoître, & audit Bazin & à tous autres de s'y pourvoir à peine de nullité, cassation de procedures, & de tous dépens, dommages & interests.

Du 20 Novembre 1736.

Arrest du Conseil, qui avant faire droit sur la Requeste de Nicolas Desboves, Adjudicataire General des Fermes-Unies; tendante a être reçû opposant à l'execution d'un Arrest de la Cour des Aydes de Paris, du 12 Septembre 1736. portant qu'il seroit informé des faits contenus au Procès-verbal des sieurs de Lagny Grenetier & Ancelle Controlleur au Grenier à Sel de Peronne, du 7 Septembre 1736. à l'occasion d'un mesurage & submergement de faux-Sel requis par le sieur Dangé, Fermier General, & auquel ces Officiers ont refusé d'assister, à moins qu'il ne leur fût payé des vacations, quoiqu'il ne leur en soit dû aucunes pour ces sortes d'opérations; ordonne que ladite Requeste sera communiquée ausdits sieurs de Lagny & Ancelle, pour leurs réponses vûes & examinées, être par Sa Majesté ordonné ce qu'il appartiendra.

Du 20 Novembre 1736.

Arrest du Conseil, qui en interpretant celui du 26 Août 1732, ordonne que les Sels qui se débitent aux Greniers de Briançon & de Villevieille, à raison de quinze liv. le minot ne pourront être employez qu'à l'usage des seuls Habitans du Briançonnois & de de leurs Bestiaux, ainsi qu'il a été reglé par le susdit Arrest, & fait défenses à toutes personnes de quelque qualité & condition qu'elles soient, tant du Briançonnois que de tout autre lieu, de transporter, vendre & débiter aucuns sels provenans desdits Greniers de Briançon & de Villevieille, hors du Territoire du Briançonnois, à peine d'être poursuivis extraordinairement comme Fauxsauniers.

Du 27 Novembre 1736.

Arrest du Conseil, qui évoque en icelui & renvoye pardevant le sieur le Nain, Intendant & Commissaire départi en la Generalité de Poitiers, la connoissance de la rebellion faite aux Employez de la Brigade des Fermes de S. Amand-sur-Seure en Poitou, le 9 Novembre 1736. par une bande de Fauxsauniers d'Anjou & de Poitou, qui s'étoient refugiez dans la maison du nommé Bassin, Hôte de l'Auberge de la Croix verte, au Bourg de Cerisay en Poitou, pour être le tout par lui jugé souverainement & en dernier ressort, en appellant avec lui le nombre de Gradués requis par l'Ordonnance.

Du 27 Novembre 1736.

Arrest du Conseil, qui interdit des fonctions de leurs Charges, Jean-Baptiste Paussin & Paul Joachim de Cleves, President & Procureur du Roi en la Jurisdiction des Traittes & Gabelles, établie en la Ville de Rethel-Mazarin, pour irregularitez commises dans leurs fonctions.

Du 11 Decembre 1736.

Arrest du Conseil, qui ordonne que par le sieur de Lesseville

Intendant & Commissaire départi en la Generalité de Tours ; il sera incessamment procedé à l'Adjudication au rabais & moins disant, en la maniere ordinaire, des Ouvrages à faire pour le rétablissement des vingt-deux Portes Marinieres situées sur la Riviere de Mayenne, depuis Laval jusqu'à Châteaugontier, suivant & conformément au Devis qui en a été dressé le premier Octobre 1736. du prix desquels Ouvrages, l'Entrepreneur sera payé sur les Ordonnances dudit sieur de Lesseville, au fur & à mesure ou après la reception d'iceux, par l'Adjudicataire des Fermes Generales-Unies, auquel il en sera tenu compte sur le prix de son Bail.

Du 11 Decembre 1736.

Arrest du Conseil, qui déboute le Syndic du Diocèse de Narbonne, de l'appel interjetté en son nom, de l'Ordonnance contradictoire renduë par le sieur de Bernage de S. Maurice, Intendant & Commissaire départi en la Province de Languedoc, le 7 Mars 1734. par laquelle il a été ordonné que le Diocèse de Narbonne pourvoiroit au remboursement de la somme de Trois mille six cens quatre-vingt-six livres, dûë au sieur le Blanc Entrepreneur des Voitures des Sels & par lui avancée en 1733. pour les réparations du Chemin qui conduit de Sallelles au Saumal, dans l'étenduë dudit Diocèse de Narbonne, au payement de laquelle somme de trois mille six cens quatre-vingt-six livres ledit Syndic sera contraint par toutes voyes.

Du 11 Decembre 1736.

Arrest du Conseil, portant qu'il sera expedié au profit de Me Nicolas Desboves, Adjudicataire des Fermes Generales-Unies, une Ordonnance de comptant sur le Garde du Trésor Royal, en exercice de la somme de soixante-treize mille vingt-huit livres, dix-sept sols, onze deniers, à laquelle a été liquidée l'indemnité dûë audit Desboves pour le supplément du prix des Sels par lui fournis aux Cantons Suisses Catholiques, en conséquence des Traités de Sa Majesté, & au Chapitre de Besançon, pendant la troisiéme année de son Bail commencée au premier Octobre 1734. & finie au dernier Septembre 1735.

Du 11 Decembre 1736.

Arrest du Conseil, qui ordonne que nonobstant les défenses portées par les Commissions des Tailles d'imposer autres ni plus fortes sommes que celles y contenues, il sera imposé sur tous les Habitans de la Paroisse de Chassé celle de quatre-vingt-deux livres, douze sols, huit deniers, & ce par un Rolle qui sera fait à cet effet au marc la livre de l'Impost du Sel de l'année 1737. par les Collecteurs de l'Impost du Sel de ladite Paroisse, qui en feront le recouvrement conjointement avec l'Impost du Sel de ladite année, pour être ensuite les deniers provenans de ladite Imposition remis par lesdits Collecteurs à Michel Roux Meunier, René Deze Journalier & François Hardouin, Vigneron, Habitans de ladite Paroisse, qui en ont fait les avances en qualité de principaux Habitans; lequel Rolle sera verifié & rendu executoire par le sieur Commissaire départi en la Generalité de Tours, ou par sonSubdelegué.

Du 18 Decembre 1736.

* Arrest du Conseil, qui ordonne que les Officiers du Grenier à Sel de Saulx-le-Duc, restitueront à Nicolas Desboves, Ajudicataire des Fermes Generales-Unies, le montant des vacations par eux reçûës pour raison des dénombremens par eux faits d'Office & sans en être requis, le 25 Novembre 1735. ensemble la somme de huit cens trente-cinq livres, quinze sols, que ledit Desboves a payée aux Officiers du Grenier à Sel de Langres, pour raison des vacations par eux employées aux nouveaux dénombremens faits en execution de l'Arrest du Conseil du 27 Mars 1736.

Du 18 Decembre 1736.

Arrest du Conseil, qui ordonne que nonobstant les défenses portées par les Commissions des Tailles, d'imposer autres ni plus fortes sommes que celles y contenues, il sera imposé sur les Habitans de la Paroisse de saint Hilaire-l'Abbaye, celle de deux cens quatre-vingt-dix-neuf livres quatorze sols deux deniers, & ce par un Rolle particulier qui sera fait à cet effet au marc la livre de l'Impost du Sel de l'année 1737. par les Collecteurs de l'Impost du Sel de ladite Paroisse, qui en feront le recouvrement conjointement avec l'Impost du Sel de ladite année, pour être ensuite les deniers provenans de ladite Imposition remis par lesdits Collecteurs aux nommés Cormier, Royer, Fournier, Vinsonneau, Decosse, Champion & Albert, qui ont avancé ladite somme en qualité de principaux Habitans de ladite Paroisse; lequel Rolle sera verifié & rendu executoire par le sieur Commissaire départi en la Generalité de Tours, ou par son Subdelegué.

Du premier Janvier 1737.

Arrest du Conseil, qui accorde pour trois ans seulement aux Habitans du Gevaudan, la remise de l'augmentation portée par les Arrest & Lettres Patentes du 9 May 1724. sur le prix du Sel qui se distribue des Entreposts de Montpellier aux Chambres de Mende-Marvejols & Langogne; sçavoir, de trois livres dix sols, pour celle de Mende, & de trois livres quinze sols pour celles de Marvejols & Langogne, & ordonne que le prix du Sel demeurera fixé dans lesdites Chambres à vingt livres le minot, comme il l'étoit avant lesdits Arrest & Lettres Patentes.

Du premier Janvier 1737.

Arrest du Conseil, qui déboute Nicolas Desboves, Adjudicataire des Fermes Generales-Unies, de sa demande en cassation de l'Arrest de la Cour des Comptes, Aydes & Finances de Roüen, du 22 Juin 1736. rendu au profit de Jean Billard, Laboureur & Fermier de la Paroisse de Triqueville, à l'occasion d'une saisie domiciliaire de faux-Sel.

Du 8 Janvier 1737.

* Ordonnance du Roy, portant Reglement pour le payement des Troupes de Sa Majesté; par l'Article IX. de laquelle il est défendu aux Officiers, Gardes, Gendarmes, Chevaux-Legers,

Mousquetaires, Cavaliers, Carabiniers, Hussards, Dragons & Soldats de prendre aucun Sel dans les Pays Etrangers ou dans ceux de l'obéissance du Roi, où la Gabelle n'est point établie pour le transporter, vendre ou débiter en telle maniere que ce puisse être & à quelque personne que ce soit dans les Provinces du Royaume, à peine aux Chefs & Commandans, de répondre sur les payes à eux ordonnées & sur leurs biens, des dommages qui seroient faits à la Ferme Generale des Gabelles, par ceux étant sous leurs Charges; & aux Gardes, Gendarmes, Cavaliers, Carabiniers, Hussards, Dragons & Soldats, d'être punis suivant la rigueur des Ordonnances contre les Fauxsauniers; défend pareillement à tous les sujets de Sa Majesté de quelque qualité & condition qu'ils soient de commettre le Fauxsaunage, ni d'assister & favoriser en quelque sorte que ce soit, les Gens de Guerre qui le commettront, aussi sur les peines des Ordonnances.

Du 12 Janvier 1737.

* Arrest de la Cour du Parlement, qui ordonne qu'à l'avenir les taxes & salaires pour la conduite des prisonniers, seront réduits à l'ancienne fixation de quatorze livres par jour pour chaque Prisonnier, à raison de huit lieues en Hyver & dix lieues en Eté, & ce comme avant l'Arrest de ladite Cour du 31 Aoust 1723. & autres rendus en consequence, & que pareillement le Port des Procedures qui seront apportées au Greffe de ladite Cour, ou qui seront portées dudit Greffe quand il n'y a point de Prisonniers, sera taxé comme il l'étoit avant lesdits Arrests, sauf néanmoins à augmenter selon la qualité & condition des Prisonniers, pour lesquels il seroit besoin d'une escorte plus considérable que celle accoûtumée, lequel excedent ne pourra être taxé & ordonné, qu'en vertu d'Arrest sur pieces communiquées au sieur Procureur General.

Du 22 Janvier 1737.

Arrest du Conseil, qui en interprétant en tant que besoin celui du 31 Mars 1733. commet le sieur Colleau, Lieutenant Criminel au Bailliage & Siége Présidial de Melun, pour juger définitivement & en dernier reſſort, toutes les affaires Criminelles qui ſurviendront dans l'étendue des Provinces de Rouergue & du Quercy, pour raiſon de l'introduction à port-d'armes & débit des Marchandiſes prohibées & du Tabac, enſemble les Procès qui doivent être faits tant aux auteurs & complices des violences commiſes contre les Commis des Fermes, qu'aux fauteurs deſdites contrebandes, circonſtances & dépendances; évoque & renvoye pardevant ledit ſieur Colleau les Procedures qui pourroient avoir été ci-devant commencées, pour raiſon de ce, en quelque Juriſdiction des Provinces que ce ſoit, pour être le tout par lui jugé ſouverainement & en dernier reſſort, ſuivant & conformément aux Arreſts des 31 Mars & 21 Juillet 1733. & comme ſi leſdites Provinces de Rouergue & du Quercy, avoient été expreſſément dénommées dans leſdits Arreſts, &c.

Du 21 Janvier 1737.

Arreſt du Conſeil, qui ordonne que par les Cautions de Nicolas Desboves, Adjudicataire des Fermes Generales-Unies, le ſieur Puiſcar ſera payé & rembourſé ſur les Ordonnances du ſieur de Creil, de la ſomme de huit cens cinquante livres, pour avec celle de quatre cens quarante-cinq livres, à lui payée en execution de l'Arreſt du 10 Avril 1736. faire celle de mille deux cens quatre-vingt-quinze livres, à quoi monte l'Adjudication de l'Exploitation des arbres & façon de paliſſades & liteaux employés en la Saline de Moyenvic, de laquelle ſomme de huit cens cinquante livres, il ſera tenu compte audit Desboves ſur le prix de ſon Bail.

Du 5 Février 1737.

Arreſt du Conſeil, qui caſſe celui de la Cour des Aydes de Montauban, du vingt Decembre précédent, par lequel elle avoit adjugé ſept livres dix ſols par mois pour la nourriture de chacun des Priſonniers détenus à la Requeſte du Fermier; ordonne que ſuivant l'uſage obſervé de tout tems, les Fermiers des Fermes de Sa Majeſté, ne ſeront tenus de fournir aux Priſonniers détenus pour Fauxſaunage, fraudes ou malverſations concernant lesdites Fermes, que le pain, à raison de deux livres par jour, & au Geolier la somme qui sera réglée pour la paille; le tout bien conditionné suivant les Reglemens.

Du 5 Février 1737.

* Arrest du Conseil, qui ordonne que les Droits de Péage sur les Batteaux & Marchandises passant sous le Pont de Poissy, & sur les Voitures chargées de Marchandises passant sur ledit Pont, appartenant pour un dixiéme aux Chapitre & Chanoines de Notre-Dame de Poissy, seront perçûs par un même Receveur, suivant le Tarif y énoncé, lesdits Droits consistans entr'autres en vingt sols par Navée ou Batteau chargé de Sel.

Du 5 Février 1737.

* Arrest du Conseil, qui ordonne que les Droits de Péages sur les Batteaux & Marchandises passant sous le Pont de Poissy & sur les Voitures chargées de Marchandises passant sur ledit Pont appartenant pour les neuf dixiémes à la Dame de Belleforiére, seront perçûs par un même Receveur, suivant le Tarif y énoncé, lesdits Droits consistans entr'autres en vingt sols par Navée ou Batteau chargé de Sel.

Du 5 Février 1737.

Arrest du Conseil, qui décharge les Maire, Echevins, Habitans & Communauté de la Ville de Nantes, du payement de la somme de dix-huit mille livres, à laquelle ils ont été condamnés par les Arrests des 15 Février 1735. 8 May & 9 Novembre 1736. par forme de restitution du produit du Droit de Boëte destiné au Balisage de la Riviere de Loire, ledit Droit consistant en deux sols par muid de Sel remontant ladite Riviere & dont ils ont joui depuis le premier Février 1702. jusqu'au 15 Février 1735. que ledit Droit a été supprimé.

Du 12 *Février* 1737.

Arrest du Conseil, qui évoque & renvoye pardevant M. de Vanolles, Intendant en Franche-Comté, les informations & autres Procedures qui peuvent avoir été faites en quelque Jurisdiction que ce soit, au sujet des concussions & exactions commises dans la vente du Sel Rozieres, par les particuliers chargés de la vente dudit Sel dans ladite Province, circonstances & dépendances, pour être le tout par lui jugé souverainement & en dernier ressort; en appellant le nombre d'Officiers ou Graduez requis par l'Ordonnance.

Du 12 *Février* 1737.

Arrest du Conseil, qui en interpretant celui du 30 Aoust 1729. par lequel le droit de trente-cinq sols de Brouage, a été moderé à dix sols par muid sur les Sels de Poitou qui s'enlevent par Mer pour quelque destination que ce soit, au lieu des Droits reglez par l'Arrest du Conseil du 5 Septembre 1721. Déclare n'avoir entendu comprendre dans la moderation les Sels du Poitou, qui seront voiturés dans la riviere de Marans & autres lieux où l'on a coûtume de porter les Sels qui payent en entier les Droits de trente-cinq sols de Brouage, aux Bureaux desquels lieux seulement; ordonne qu'il sera payé un supplément tant que ledit Arrest de 1729. subsistera, pour former avec les dix sols par muid payez aux Bureaux du Poitou, à l'enlevement, le Droit principal de quarante-deux sols neuf deniers par muid, que payoient les Sels du Poitou avant ledit Arrest de moderation de 1729.

Du 12 *Février* 1737.

Arrest du Conseil, qui résilie le Traité passé devant Savalete & son Confrere Notaires au Châtelet de Paris, entre les Sieurs Commissaires de Sa Majesté, & le feu Sieur de Coislin Evêque de Metz, le 22 Septembre 1703. pour raison du fonds, proprieté & superficie de douze mille huit cens vingt-cinq arpens un sixiéme de Bois propre à faire du Bois de corde d'une part, & de six cens soixante-neuf arpens & demi d'autre, propre à faire des Fascines, avec la Haute, Moyenne & Basse Justice, & le Droit de Voiture de sept milliers de fagots, moyennant une rente de sept mille livres par forme d'échange, au principal de cent quarante mille livres; ordonne que M. l'Evêque de Metz rentrera à compter du jour & datte dudit Arrest dans la propriété desdits Bois, comme en jouissoit feu M. de Coislin, avant le Traité de 1703. ensemble dans tous les Droits de Justice, telle qu'elle appartenoit audit feu Evêque, à la charge néanmoins que M. de S. Simon, actuellement Evêque de Metz, sera tenu suivant ses offres de fournir annuellement à la Saline de Moyenvick la quantité de deux mille cinq cens cordes de Bois dans les mêmes éloignemens que ceux des Bois qui ont été fournis en vertu dudit Traité, moyennant la somme de sept mille livres qui sera payée par les Fermiers Generaux, pour le prix desdites deux mille cinq cens cordes après que la délivrance leur en aura été faite sur leur requisition, sauf au Roy à se faire faire raison ainsi & comme il appartiendra, des Baliveaux qui auront été reservés dans les Bois exploitez en conséquence dudit Traité excedent les seize Baliveaux par arpent, portez par l'Ordonnance des Eaux & Forests de 1669. & au moyen de la presente résiliation du Traité de 1703. ladite somme de sept mille livres sera employée dans les Etats du Roy, au profit de l'Adjudicataire de la Ferme de ladite Saline de Moyenvick.

Du 18 *Février* 1737.

Arrest du Conseil, qui déboute le sieur Bachelier ancien Procureur du Roy au Grenier à Sel de Paris, des fins & conclusions de sa Requeste, tendante à ce que l'instance d'entre lui & & les Officiers dudit Grenier au sujet du partage des Epices, soit renvoyée à la Cour des Aydes; ordonne l'execution du Reglement du 17 Février 1688. & en conséquence que le Procureur du Roy audit Grenier, aura conformément à l'Art. XIV. dudit Reglement, une part dans les quinze sols qu'il est permis ausdits Officiers de se taxer & dans les autres émolumens en matieres civiles, lesquels seront partagez entre les Juges qui seront presens.

Du 25 Février 1737.

Arrest du Conseil, qui commet M. Pallu Intendant en Bourbonnois, pour instruire & Juger souverainement & en dernier ressort le Procès aux auteurs, complices, fauteurs, participes ou adherans du meurtre commis en la personne du nommé des Rosiers, Capitaine de la Brigade des Fermes du Moutier d'Ahun, par une bande de Fauxsauniers, circonstances & dépendances, en appellant avec lui le nombre de Graduez requis par l'Ordonnance; évoque & renvoye pardevant le Sieur Intendant les Procedures qui pourroient avoir été faites pour raison de ce en quelque Jurisdiction que ce soit. Permet de Subdeleguer pour l'instruction & de commettre pour faire les fonctions de Procureur du Roy en ladite Commission, tels Officiers ou Graduez qu'il voudra choisir.

Du 26 Février 1737.

* Arrest du Conseil, en faveur des Receveurs Generaux des Finances; par lequel en execution de l'Arrest du Conseil du 3 Juin 1669. & de l'Edit de Juin 1704. défenses sont faites à tous saisissans sur les gages, droits, augmentations de gages, rentes, remboursemens & autres charges employées dans les Etats des Finances de Sa Majesté, de faire assigner les Receveurs Generaux des Finances devant d'autres Juges, que les Officiers des Bureaux des Finances de leurs Generalitez. Ordonne que pour la sûreté des Créanciers saisissans, ils seront tenus conformément à la Déclaration du Roy du 19 Mars 1661. de laisser pendant vingt-quatre heures aux Bureaux des Receveurs Generaux, les Originaux des Exploits des saisies qui seront faites entre leurs mains; au pied desquels exploits ils signeront leurs Déclarations des sommes dûës & employées dans les Etats des Finances au profit des Parties prenantes & saisies, même des saisies précédentes qui pourroient avoir été faites entre leurs mains sur les mêmes Parties.

Du

Du 26 Février 1737.

Arrest du Conseil, qui ordonne que la somme de cinq mille cent quatre-vingt-quatorze livres cinq sols cinq deniers, à quoi montent les travaux faits dans la Saline de Moyenvic, suivant le Devis estimatif qui en a été dressé le 12 Janvier 1737. par le sieur Saulon, sera payée aux Entrepreneurs desdits Ouvrages, sur les Ordonnances du sieur de Creil, par Nicolàs Desboves, Adjudicataire des Fermes Generales-Unies, auquel il en sera tenu compte sur le prix de son Bail, en rapportant l'expedition ou copie collationnée dudit Arrest, les Procès-verbaux d'adjudication & de reception desdits Ouvrages, les Ordonnances dudit sieur de Creil & les Quittances desdits Entrepreneurs.

Du 26 Février 1737.

Arrest du Conseil, portant que la Requeste de Nicolas Desboves, Adjudicataire des Fermes, tendante à l'établissement d'un Regrat dans la Ville du Puy-en-Velay comme dans les autres lieux du Languedoc, sera communiquée au Syndic de la Ville du Puy, au nom des Habitans de la ruë de la Saunerie de ladite Ville du Puy, pour sa réponse vûë & examinée, être ordonné ce qu'il appartiendra.

Du 26 Février 1737.

Arrest du Conseil, qui par provision & sans préjudicier aux Droits des Parties, permet aux Entrepreneurs des Voitures des Sels, de faire faire pendant l'année 1737. les mêmes ouvertures que celles qui ont été faites les années précédentes aux Ecluses du pertuis de Bailly, sur la Riviere d'Yonne, pour faciliter le montage des Bateaux chargés de Sel.

Du 12 Mars 1737.

* Arrest du Conseil & Lettres Patentes, *registrées en la Cour des Comptes, Aydes, Domaines & Finances de Dole, le 13 May*

1737. qui en interprétant les Art. IX. & X. de l'Edit du mois d'Aoust 1703. qui régle les formalités ausquelles les Habitans de la Province de Franche-Comté, demeurans dans l'étenduë des trois lieuës, Frontiéres des Provinces sujettes aux Gabelles de France & de Lyonnois, sont assujetis en allant se fournir de Sel Roziere aux Magasins & Entrepôts, *contenant quatre Articles.*

Du 18 *Mars* 1737.

Décision du Conseil, qui accorde aux Religieuses de la Chartreuse de Salette, une somme de onze mille huit cens soixante-quinze livres deux sols, pour Droits de Péages qu'elles ont droit de percevoir sur les Sels, à raison de trois sols neuf deniers par charge de celui qui a passé par le lieu de Quirieu, depuis le premier Octobre 1726. jusqu'au dernier Septembre 1736.

Du 19 *Mars* 1737.

Arrest du Conseil, qui décharge les Consuls de la Ville d'Arles en Provence, de faire bâtir aux dépens de la Communauté de ladite Ville, une Tour dont la construction avoit été ordonnée par autre Arrest du 27 Septembre 1735. à l'embouchure du Canal des Losnes, pour servir de signal aux Bâtimens qui entrent & sortent dudit Canal & ordonne que les frais de ladite construction seront avancez par Nicolas Desboves, Adjudicataire des Fermes Generales-Unies, auquel il en sera tenu compte dans celui qu'il rendra du produit des cinq sols par Minot de Sel qui se levent dans les Greniers & Chambres à Sel de Provence, Dauphiné, Languedoc, Lyonnois, Auvergne & Rouergue, en execution de la Déclaration du 4 Juin 1712. & des Arrests & Lettres Patentes des 12 Avril & 5 Juillet 1723. en rapportant copie collationnée dudit Arrest, les Procès-verbaux d'Adjudication & de reception des Ouvrages à faire pour ledit Bâtiment, les Ordonnances du Sieur Intendant de Provence & les Quittances des Entrepreneurs sur ce suffisantes.

Du 19 Mars 1737.

* Arrest du Conseil, qui déboute les Sieurs de Lagny & Ancelle Grenetier & Controlleur au Grenier à Sel de Peronne, de leurs demandes, casse celui de la Cour des Aydes de Paris, du 12 Septembre 1736. ainsi que les Procedures faites en conséquence, ordonne l'execution des Reglemens rendus sur le fait du Mesurage & submergement des Sels de capture & notamment de l'Arrest du Conseil du 10 Janvier 1708. en conséquence que les Officiers dudit Grenier à Sel de Peronne seront tenus à la premiere requisition de l'Adjudicataire des Fermes Generales ou de ses Commis & préposés, de proceder audit Mesurage & submergement, & d'en dresser leurs Procès-verbaux, sans que pour raison de ce, ils puissent exiger aucuns Droits; & pour le refus par eux fait, ordonne qu'ils demeureront garans envers ledit Adjudicataire, de tous les frais ausquels ils ont donné lieu, & notamment du payement des vacations des Notaires, que le sieur Dangé, Fermier General, a été obligé d'employer sur le refus desdits Officiers, lesquels frais & vacations seront reglés par le sieur Intendant & Commissaire départi dans la Province de Picardie, pour sur ses Ordonnances être lesdits de Lagny & Ancelle, contraints par toutes voyes au payement desdits frais & vacations, & que les clefs dudit Grenier seront remises ausdits Officiers par les sieurs Cavel & le Tellier Notaires, qui en demeureront déchargés, & lesdits de Lagny & Ancelle responsables des déchets extraordinaires qui pourront se trouver sur le Sel dudit Grenier, au payement desquels ils seront solidairement contraints conformément à l'Article III. du Titre XI. de l'Ordonnance de 1680.

Dû 26 Mars 1737.

Arrest du Conseil, qui par grace, leve l'interdiction prononcée par celui du 27 Novembre 1736. contre les sieurs Jean-Baptiste Paussin & Paul Joachim de Cleres Président & Procureur du Roy de la Jurisdiction des Traites & Gabelles établie dans la Ville de Rethel-Mazarin.

Du 2 Avril 1737.

Arrest du Conseil, qui commet le sieur Javin, Substitut en la Jurisdiction des Salines de Salins, pour faire les fonctions de Procureur du Roy en la Commission établie par Arrest du 12 Février 1737. par lequel M. de Vanolles, Intendant du Comté de Bourgogne, a été commis pour informer des concussions & exactions commises dans la vente du Sel Roziere, & juger le Procès des Particuliers chargés de la vente dudit Sel, dans ladite Province accusez desdites exactions & concussions, & valide la dispense de grade accordée audit sieur Javin, par les Lettres de Chancellerie du 26 Novembre 1729. pour exercer l'Office de Procureur du Roy en la Jurisdiction Royale de Bracon, rèssortissante au Bailliage de Salins.

Du 9 Avril 1737.

Arrest du Conseil, qui ordonne que par le sieur de la Bourdonnaye, Intendant & Commissaire départi en la Generalité de Roüen, il sera incessamment procedé à l'adjudication au rabais en la maniere accoûtumée, des Ouvrages & réparations à faire aux trois Magasins à Sel de la Ville de Honfleur, conformément au Procès-verbal & Devis estimatif du 11 Février 1737. du prix desquels Ouvrages les Entrepreneurs seront payez sur les Ordonnances dudit sieur de la Bourdonnaye, au fur & à mesure, ou après la reception desdits Ouvrages, par l'Adjudicataire des Fermes Generales, auquel il en sera tenu compte sur le prix de son Bail, ensemble de la somme de mille deux cens quarante-quatre livres douze sols neuf deniers, payée en conséquence de l'Ordonnance dudit sieur Commissaire, du 27 Decembre 1736. pour les réparations provisoires faites à la couverture desdits trois Magasins, en rapportant l'expedition ou copie collationnée dudit Arrest, les Procès-verbaux d'adjudication & reception desdits Ouvrages, les Ordonnances dudit Sieur Commissaire départi & les quittances des Entrepreneurs sur ce suffisantes.

Du 16 Avril 1737.

Arrest du Conseil, qui évoque & renvoye pardevant le Sieur Colleau, Lieutenant Criminel au Châtelet de Melun, & Président de la Commission établie à Valence, tant les Procedures faites devant le Juge ordinaire de Caillans, pour raison du meurtre commis par le nommé Issaurat, ci-devant Sous-Brigadier de la Brigade de la Napoule & son frere, en la personne du nommé Gillette, dans une rebellion faite par ledit Gillette & autres Fausauniers, à l'occasion d'une capture de douze sacs de faux-Sel trouvés dans une Cabane inhabitée aux environs de Caillans, que celles faites au Parlement d'Aix, sur l'appel qui a été interjetté du Jugement de contumace rendu en la Jurisdiction de Caillans, où il a été rendu Arrest le 12 Septembre 1733. qui condamne aussi par contumace ledit Issaurat en la peine de mort & en des amendes, pour être le tout jugé par ledit sieur Colleau, souverainement & en dernier ressort, conformément aux Arrests des 31 Mars 1733. & 25 Septembre 1736. Sa Majesté lui attribuant à cet effet toute Cour, Jurisdiction & connoissance, & ordonne que toutes lesdites Procedures seront remises au Greffe de la Commission, à ce faire tous Greffiers & dépositaires contraints.

Du 16 Avril 1737.

* Arrest du Conseil, qui maintient le Prieur de Merpins dans le droit de percevoir dans la Ville de Cognac & non ailleurs, sur chaque Gabare chargée de Sel, montant par la Riviere de Charante, dix sols trois deniers seulement; lui fait défenses de percevoir d'autres & plus grands Droits, ni aucun Droit en nature de Sel, sur les Gabares chargées de Sel ni aucun Droit, soit en Sel ou en argent, sur les Alleges passant par ladite Riviere de Charante.

Du 16 Avril 1737.

* Arrest du Conseil, qui fait défenses à la Dame de Rambure, de percevoir en la Ville de Cognac ni ailleurs, aucun

Droit sur les Bateaux ou Gabares chargées de Sel, passant sur la riviere de Charante, soit à titre de Péage de Merpins, Coutume de Cognac, ou sous quelqu'autre dénomination que ce soit.

Du 16 Avril 1737.

Arrest du Conseil, qui ordonne que par le Sieur Intendant & Commissaire départi en la Province de Bourgogne, ou son Subdelegué à Seissel, il sera procedé à l'adjudication au rabais des réparations à faire à la Maison du Parc, servant d'Entrepôt pour les Sels de la Traite Etrangere, conformément au Devis qui en a été dressé le 30 Janvier 1737. par les nommés Gras & Marion, Maîtres Couvreurs & Charpentiers, & que le montant desdites réparations sera payé à l'Entrepreneur par l'Adjudicataire des Fermes, sur les Ordonnances dudit sieur Intendant, auquel Adjudicataire il en sera tenu compte sur le prix de son Bail en rapportant copie collationnée dudit Arrest, le Devis y mentionné, les Procès-verbaux d'adjudication & reception desdites réparations, les Ordonnances dudit Sieur Intendant & les quittances de l'Entrepreneur.

Du 23 Avril 1737.

Arrest du Conseil, qui casse & annulle les Actes d'Assemblées tenuës les 10 & 24 Mars précédens, par une partie des Habitans de la Paroisse de Saint Philbert, ressort du Grenier de Chollet, à l'occasion du Rolle de l'Impost du Sel de ladite Paroisse, arresté par lesdits Habitans; ordonne que celui fait d'Office par le Procureur du Roy audit Grenier, de l'Ordre de M. l'Intendant, sera executé, à l'effet de quoi les nommez Pierre Breheret & René Ripoche Collecteurs, seront tenus de s'en charger pour faire le recouvrement du montant de l'impost, à peine de désobéissance & d'être procedé extraordinairement contr'eux, sauf aux contribuables qui voudront former opposition à leur cotte, à se pourvoir pardevant M. l'Intendant, pour leur être fait droit ainsi qu'il appartiendra. Défend aux Collecteurs sous les mêmes peines de mettre à execution le Rolle par eux fait, lequel sera rapporté audit Sieur Intendant, pour être laceré ainsi que la minute d'icelui.

Du 23 Avril 1737.

* Arreſt du Conſeil, qui ſupprime le Droit d'un Boiſſeau de Sel prétendu par les Miſſionnaires de Saintes à titre de Péage ſur chaque Gabare chargé de Sel, montant par la riviere de Charente vers Cognac, & paſſant ſous les Ponts de ladite Ville, Generalité de la Rochelle, & défend de percevoir ledit Droit ni en Sel ni en argent.

Du 23 Avril 1737.

* Arreſt du Conſeil, qui ſupprime le Droit de Péage d'un Boiſſeau de Sel prétendu par les Miſſionnaires de Saintes ſur les Gabares chargées de Sel, paſſant par la riviere de Charante, devant le lieu de Gademoulins, Generalité de la Rochelle, & défend de percevoir ledit Droit en Sel ou en argent.

Du 30 Avril 1737.

Arreſt du Conſeil, par lequel faiſant Droit ſur la Requeſte du ſieur Jean-Noël Folliot, Grenetier au Grenier à Sel de Bayeux, & faute par le ſieur Genas Preſident de l'Election & Vicomté de Bayeux, & aux Syndic, Habitans & Communauté de la Paroiſſe de Sommervieu, d'avoir fourni de réponſe dans les délais portés par l'Arreſt du 29 May 1736. décharge ledit ſieur Folliot de la nomination faite de ſa perſonne le 2 Novembre 1732. pour gerer & adminiſtrer les biens du Tréſor de ladite Paroiſſe & en conſéquence leur fait défenſes & à tous autres de le troubler non plus que les autres Officiers dudit Grenier à Sel de Bayeux dans la jouiſſance des privileges & exemptions à eux accordés.

Du 21 May 1737.

Arreſt du Conſeil, qui ordonne que M. le Procureur General de la Cour des Aydes & Comptes de Dole, envoyera inceſſamment à M. le Controlleur General des Finances les motifs des Arreſts de ladite Cour des 25 Février & 23 Mars 1737. par leſquels ladite Cour, en recevant Pierre-Joſeph Joly, Magaſineur de Sel Roziere à Ruffy, Bailliage d'Ornaies, surpris vendant du Sel à trois particuliers au-dessus du prix fixé par les Tarifs, appellant d'une Sentence de la Jurisdiction des Gabelles de Salins du 3 Octobre précédent, qui le condamne en trois amendes de trois cens livres chacune; modere lesdites amendes à trois cens livres seulement, ne le condamne qu'aux dépens de la premiere instance, & compense ceux de l'Instance d'appel pour lesdits motifs vûs & examinés, être par Sa Majesté ordonné ce qu'il appartiendra.

Du 21 *May* 1737.

Arrest du Conseil, qui casse celui de la Cour des Aydes de Montauban, du 14 Aoust 1736. par lequel ladite Cour en annullant une Sentence de la Jurisdiction des Gabelles de Villefranche de Rouergue, du 23 Juillet précédent, qui avoit condamné au foüet, à la marque du *G.* & en une amende solidaire de cent livres chacun, les nommez Pierre Hebrard, Antoine Mondaghon, Jean Combes dit Tendy, Jean Falquiers dit Mestre & Portail, Fauxsauniers à Porte-col, avec attroupement au nombre de cinq, avoit aussi ordonné que la procedure des premiers Juges seroit recommencée à leurs frais, sous prétexte que lesdits Fauxsauniers n'avoient point été appellez à la verification faite par les Experts, des Sels saisis; évoque l'appel interjetté de ladite Sentence, & les procedures faites en conséquence, & renvoye le tout pardevant le Sieur Commissaire départi en la Generalité de Montauban, pour être par lui jugé diffinitivement & en dernier ressort, en appellant avec lui le nombre de Gradués requis par l'Ordonnance.

Du 21 *May* 1737.

Arrest du Conseil, qui proroge pour neuf années, à compter du 14 dudit mois, la levée & perception du Droit de petit-blanc de deux sols sur chaque quintal de tous les Sels qui seront tirez & enlevez des Salins de Peccais tant pour le fournissement des Gabelles du Dauphiné, Lyonnois, Avignon, Comtat Venaissin, Traites Etrangeres que pour être transportez hors du Royaume, &

& d'un sol six deniers sur chacun quintal de Sel qui sera tiré desdits Salins de Peccais & de ceux de Narbonne, Sijean, Peyriac & autres pour le fournissement des Greniers de la Province de Languedoc, pour être les deniers en provenans, employez aux réparations & entretennement du Pont Saint Esprit & des Chaussées qui en dépendent sur le Rhône; entretien du Service Divin, nourriture des Prêtres & Pauvres des Hôpitaux de ladite Ville & autres ausquels ledit Octroy est destiné, à la charge par ceux qui en auront la Direction d'en compter en la Chambre des Comptes de Montpellier, & que les Baux & Adjudications seront faits sur les lieux par les Tréforiers de France, sans frais lors de leurs tournées, & ce conformément à l'Arrest du Conseil du 30 Octobre 1664.

Du 21 May 1737.

* Arrest du Conseil, qui évoque à icelui la contestation pendante en la Cour des Aydes de Paris, entre le sieur Montanier, Controlleur au Grenier de Seissel, & l'Entrepreneur des Voitures des Sels par le Rhône & l'Ysere, & y faisant droit sans avoir égard aux demandes formées par ledit Sieur Montanier contre l'Entrepreneur des Voitures, dont il a été débouté, ordonne qu'à l'avenir les recollements des Sels destinés pour l'Etranger, seront faits & les certifications délivrées par les Commis du Fermier, tant qu'il sera chargé des Voitures desdits Sels; & qu'à l'égard des Sels emplacés dans les Greniers où il a été établi des Controlleurs, les certifications seront délivrées par lesdits Controlleurs, conformément à l'Edit de création de leurs Offices, sans que pour raison de ce, ils puissent exiger aucuns frais, salaires, ni vacations, à peine d'interdiction & de restitution de ce qu'ils auront exigé.

Du 4 Juin 1737.

Arrest du Conseil, portant que la formation annuelle que le Sieur Chaillet & ses Associés, Entrepreneurs d'une nouvelle Saline, près Lons-le-Saunier pourront faire, demeurera fixée à la possibilité des sources actuellement rassemblées dans le Puits de l'Etang du Saloir; ensorte toutefois qu'elle ne puisse exceder la quantité de douze mille charges de Sel en pains, sans qu'ils en puissent disposer qu'en faveur des Adjudicataires de la Ferme des Salines de Salins, conformément à l'Article XV. des Lettres Patentes sur l'Arrest du 2 Juin 1732. Que les Entrepreneurs seront tenus de faire incessamment construire audit Etang du Saloir & non ailleurs, les Bâtimens nécessaires & proportionnés à ladite formation de douze mille charges de Sel en pain, & ce conformément aux Plan & Devis qui en seront dressés par les Ingenieurs nommés à cet effet par le Sieur Intendant du Comté de Bourgogne; & que lesdits Entrepreneurs feront incessamment fermer, condamner & noyer avec les eaux douces, les sources sallées qu'ils auront ouvertes & fouillées, tant à Lons-le-Saulnier & aux environs, qu'à Montmorot.

Du 4 Juin 1737.

* Déclaration du Roy, *Registrée en la Cour des Aydes le premier Juillet* 1737. portant qu'à l'avenir les Receveurs Generaux des Finances, auront sur leurs Commis aux Recettes dans les Provinces, les mêmes privileges que ceux que le Roy a sur les Charges des Receveurs Generaux, en vertu de l'Edit du mois d'Aoust *1669.* & qu'ont les Fermiers Generaux sur les Sous-Fermiers redevables, & sur leurs Employés comptables.

Du 18 *Juin* 1737.

* Arrest du Conseil, qui déboute Etienne Roux, Marchand Voiturier sur la riviere de Saone, des fins & conclusions de sa Requeste, tendante a être reçû opposant à celui du 2 Octobre précedent, par lequel en ordonnant l'execution des Articles CXCXVI. & CXCXVII. du Bail des Fermes Generales, du 19 Aoust 1726. & de l'Arrest du 10 May 1735. rendu en interpretation desdits Articles, l'Entrepreneur de la Voiture des Sels a été déchargé des condamnations contre lui prononcées par une Sentence de la Conservation de Lyon, du 2 Juin 1736. à l'occasion de deux Batteaux chargez de Foins appartenant audit Roux, & naufragez par le choc des Barques chargées de Sel, faute par lui de s'être conformé aux dispositions portées par ledit

Arrest du 10 May 1735. servant de Reglement pour assurer la voiture des Sels destinez pour le fournissement des Greniers des petites Gabelles.

Du 18 Juin 1737.

Arrest du Conseil, qui évoque & renvoye pardevant M. de Lesseville, Intendant de la Generalité de Tours, les Procedures extraordinaires commencées tant par les Officiers du Grenier à Sel de Laval, que par ceux du Siége des Exempts par appel & pour les cas Royaux de ladite Ville, pour raison de l'homicide commis en la personne de Mathurin le Breton Couvreur de Maisons, du Bourg de Bazougers, le 12 Mars précédent, par le nommé Adrien Dazan, Lieutenant des Gabelles au Département de Laval, dans le tems qu'il étoit dans le cours de ses exercices & par détachement à la suite d'une trouppe de Fauxsauniers, pour être le tout jugé souverainement & en dernier ressort par ledit Sieur Intendant, en appellant avec lui le nombre de Graduez requis par l'Ordonnance; lui permet de subdeleguer pour l'instruction, & de commettre pour faire les fonctions de Procureur du Roy, tels Officiers ou Graduez qu'il voudra choisir & ordonne que les Procedures commencées pour raison de ce, en quelque Jurisdiction que ce soit, seront remises au Greffe de ladite Commission, à ce faire tous Greffiers & dépositaires contraints.

Du 25 Juin 1737.

* Arrest du Conseil, qui sans avoir égard aux répresentations du sieur Laisné de Nanclas, contre l'Arrest du Conseil du 12 Février 1732. qui supprime le Droit de Péage par lui prétendu sur la riviere de Charente, au lieu appellé le Pas de Gondeville, ordonne que ledit Arrest sera executé selon sa forme & teneur, défend audit sieur Laisné de Nanclas, de percevoir au lieu & Pas de Gondeville ni ailleurs, aucun Droit en Sel ou en argent à titre de Péage, Sault, Trutage, ni sous quelqu'autres dénomination que ce soit, sur les Bateaux, Gabares & Marchandises passant par la riviere de Charante, audit lieu & Pas de Gondeville; le tout sous les peines portées par ledit Arrest du 12 Février 1732.

Du mois de Juillet 1737.

* Ordonnance de Louis XV. Roy de France & de Navarre, *registrée en Parlement le 11 Decembre* 1737. concernant le Faux principal & Faux incident, & la reconnoissance des Ecritures & signatures en matiere criminelle, *contenant trois Titres, le premier composé de 69 articles, le second de 53. & le dernier de 20.*

Du 2 Juillet 1737.

Arrest du Conseil, qui commet M. de Lesseville Intendant de la Generalité de Tours, pour juger souverainement & en dernier ressort le Procès aux nommez François Sonnet, dit Tamponne, & Maillard, chefs de Bandes de Fauxsauniers de la Paroisse de Saint Germain le Fouilloux & autres leurs complices, fauteurs, participes ou adherans, des excès, vols & mauvais traitemens faits aux nommez Marie & l'Evêque, Gardes de la Brigade des Fermes établie à la petite Roche dans le Maine, le 28 Avril précedent, circonstances & dépendances, en appellant avec lui le nombre de Graduez requis par l'Ordonnance; évoque, en cas de besoin, & renvoye pardevant ledit Sr Intendant, les procedures qui pourroient avoir été commencées pour raison de ce en quelque Jurisdiction que ce soit; lui permet de subdeleguer pour l'instruction, & de commettre pour faire les fonctions de Procureur du Roy en ladite Commission, tels Officiers ou Graduez qu'il voudra choisir, &c.

Du 16 Juillet 1737.

Arrest du Conseil, qui renvoye pardevant le Sieur Pajot, Intendant & Commissaire départi en la Generalité de Montauban, les Procedures commencées à la Cour des Aydes de Montauban, à l'occasion de deux Entrepôts de Sel trouvez dans les maisons des Sieurs Fieuzal & Prunieres, Marchands à Saint Nicolas de la Grave, qui est Pays franc, & séparé seulement de celui des Gabelles par la riviere de Garonne, nonobstant l'Arrest du 25 Novembre 1671. qui défend les Entrepôts & fixe la quantité de Sel que chaque particulier doit avoir : pour sur l'avis dudit sieur Commissaire départi, envoyé au Conseil, être fait droit à qui il appartiendra.

Nª. Cet Arrest est le même que celui du 3 Septembre suivant à l'exception du nom de l'Intendant & de la Generalité.

Du 16 Juillet 1737.

Arrest du Conseil, qui confirme le Sieur Charles-Antoine de Beaulieu de Ruzé de Bazac, Enseigne des Galeres, dans la possession & jouissance de deux parties de pensions accordées à ses ancêtres, l'une de six cens livres assignée sur la Recette generale des Finances de Provence, & l'autre de sept cens cinquante livres, assignée sur les Gabelles de la même Province avec faculté d'en disposer en faveur & au profit de ses descendans mâles en ligne directe seulement.

Du 23 Juillet 1737.

* Declaration du Roy, *registrée en la Chambre des Comptes, le 3 Aoust* 1737. concernant les délais accordés aux Payeurs des Gages des Officiers des Chancelleries près les Cours Supérieures qui prennent leurs fonds sur les Fermes Generales pour rendre leurs comptes des années 1734. 1735. 1736. & 1737. *contenant deux Articles.*

Du 23 Juillet 1737.

Arrest du Conseil, qui commet M. le Nain, Intendant de la Generalité de Poitiers, pour instruire & juger Souverainement & en dernier ressort, le Procès au nommé Duford & aux complices, tant du commerce de Faux sel dont ils sont prevenus, que des vols & excès par eux commis le 7 du même mois en la personne d'une femme conduisant deux chevaux pour aller charger du Sel, circonstances & dépendances, en appellant avec lui le nombre de Graduez requis par l'Ordonnance; évoque & renvoye pardevant ledit Sieur Intendant, les Procedures qui peuvent avoir été faites pour raison de ce, & en quelque Jurisdiction que ce soit; lui permet de subdeleguer pour l'instruction & pour faire les fonctions de Procureur du Roy, tels Officiers ou Graduez qu'il voudra choisir.

Du 23 *Juillet* 1737.

Arrest du Conseil, qui liquide à la somme de soixante-treize mille vingt-huit livres dix-sept sols onze deniers, l'indemnité dûe à Nicolas Desboves, pour le supplément du prix des Sels par lui fournis aux Cantons Suisses Catholiques, en conséquence des Traités faits entre les Ambassadeurs du Roy en Suisse & les Cantons Catholiques, & au Chapitre de Besançon, pendant la quatriéme année de son Bail, commencée au premier Octobre 1735. & finie au dernier Septembre 1736.

Du 30 *Juillet* 1737.

* Arrest du Conseil, qui maintient les Sieurs Archevêque, Doyen, Comtes, Chanoines & Chapitre de l'Eglise Métropolitaine de Lyon, dans le droit de Péage de la Ville de Lyon, pour en percevoir les Droits, suivant le Tarif inseré audit Arrest, & leur fait défenses de percevoir aucun Droit de Péage aux Chaisnes d'Aisnay & d'Alaincourt, ni ailleurs sur les Batteaux montant & descendant par les Rivieres du Rhône & de la Saone, ni sur les Marchandises amenées par lesdites rivieres, & non déchargées en ladite Ville de Lyon, & suivant les autres clauses & conditions; fait pareillement défenses de percevoir ledit Péage sur les Sels à quelque titre que ce soit.

Du mois d'Aoust 1737.

* Ordonnance de Louis XV. Roy de France & de Navarre, *registrée en Parlement le* 11 *Decembre* 1737. concernant les évocations & les Reglemens de Juges; portant Article XXI. du Titre I. que les Causes ou Procès, tant civils que criminels, pendans aux Cours des Aydes, à l'occasion des Fermes du Roy & de l'execution des Baux, circonstances & dépendances, même

tous Procès des Fermiers en nom collectif, ou des Adjudicataires des Fermes, contre leurs Commis en matiere civile ou criminelle, ne pourront être évoqués sur les Parentés ou alliances des Officiers des Cours des Aydes, avec aucuns des Interessés esdites Fermes en quelque dégré que ce soit; le tout sans préjudice des évocations du chef de ceux desdits Interessés ou de leurs Commis, qui seroient parties en leur propre & privé nom, & pour un interest autre que celui des Fermes.

Du 9 Aoust 1737.

* Arrest de la Cour de Parlement, portant reglement en faveur des Fermiers des Coches, Carosses & Messageries, qui leur confirme le droit de la conduite & translation des Prisonniers, Procès civils & criminels, à l'exclusion de tous autres.

Du 20 Aoust 1737.

Arrest du Conseil, portant que nonobstant les défenses portées par les Commissions des Tailles, d'imposer de plus fortes sommes que celles y contenuës, il sera imposé sur tous les Habitans de la Paroisse de Saint Martin d'Ursiers, ressort du Grenier de la Châtre, une somme de quarante-sept livres quatre sols deux deniers, au profit du nommé Jean Plantaline, & par lui avancée en qualité de principal Habitant de ladite Paroisse, pour non-valeurs sur l'impost du Sel.

Du 20 Aoust 1737.

Arrest du Conseil, qui ordonne que par le Sieur de Bernage de Saint Maurice, Intendant & Commissaire départi en la Province de Languedoc, il sera incessamment procedé à l'adjudication au rabais en la maniere accoûtumée, aux réparations à faire à la Maison servant à entreposer les Sels dans la Ville de Pezenas, du prix desquels Ouvages les Entrepreneurs seront payez sur les Ordonnances dudit sieur Intendant, par Nicolas Desboves Adjudicataire des Fermes Generales-Unies, auquel il en sera tenu compte sur le prix de son Bail.

Du 23 Aoust 1737.

* Arrest de la Cour des Aydes, portant Reglement en faveur des Fermiers des Coches, Carosses & Messageries, qui leur confirme le Droit de la conduite & translation des Prisonniers, Procès civils & criminels, à l'exclusion de tous autres, aux peines y portées.

Du 28 Aoust 1737.

* Arrest de la Cour du Parlement, portant défenses à tous Portiers & autres Domestiques préposés à la garde des Portes, d'exiger ni recevoir aucune somme pour les significations qui leur seront laissées, avec injonction de recevoir lesdites significations, sous telles peines qu'il appartiendra.

Du 3 Septembre 1737.

Arrest du Conseil, qui renvoye pardevant M. de Saint Contest, Intendant de la Generalté d'Auch, les Procedures commencées à la Cour des Aydes de Montauban, entre Nicolas Desboves, Adjudicataire des Fermes Generales-Unies, & les sieurs Fieuzal & Prunieres, Marchands à S. Nicolas de la Grave, pour être par ledit Sieur Intendant, dressé Procès-verbal des dires, demandes & contestations des Parties, sur lequel & sur son avis envoyez au Conseil, être par Sa Majesté fait droit ainsi qu'il appartiendra, tant sur l'execution de l'Arrest du Conseil du 25 Novembre 1671. qui défend de faire aucun amas ni Entrepôt de Sel de Brouage sur la Frontiere des Pays rédimez des Gabelles de Languedoc, ailleurs que dans les Villes de Verdun & Grenade sur la Garonne, Moissac & Montauban sur le Tarn & dans Cahors sur le Lot, que sur les Procès-verbaux de saisies de Sel trouvé entreposé dans les Maisons desdits sieurs Fieuzal & Prunieres.

Nª. Cet Arrest est le même que celui du 16 Juillet précedent, à l'exception du nom de l'Intendant & de la Generalité.

Du

Du 3 Septembre 1737.

Arrest du Conseil, qui permet aux Gens des trois Etats de la Province de Languedoc, de faire les avances des sommes necessaires pour être employées aux réparations du Pont & Chaussées Saint-Esprit, suivant les Adjudications qui en seront faites par les Commissaires de Sa Majesté & des Etats de ladite Province, pour le remboursement desquelles avances qui ne pourront exceder la somme de cinquante mille livres en principaux & interests, ordonne que les Droits de petit blanc établis sur les Sels de Peccais & de Periac pour les réparations du Pont Saint-Esprit, seront levez par doublement, à compter du premier Octobre 1738. & ce pour le tems necessaire pour rembourser les Gens des trois Etats de ladite Province de Languedoc de ladite somme de cinquante mille livres, lesquels Droits par doublement seront levez & reçûs par les Receveurs du Droit de petit blanc, & remis au Trésorier des Etats jusqu'à concurrence de ladite somme de cinquante mille livres, suivant la liquidation qui en sera faite tous les ans par les Commissaires de Sa Majesté & des Etats, après quoi le doublement demeurera éteint & supprimé & les anciens Droits de petit blanc employez en la forme ordinaire.

Du 10 Septembre 1737.

* Arrest du Conseil, qui maintient le Sieur de Guigard en qualité d'Engagiste dans la jouissance des Droits de Péage par Eau sur la riviere du Rhosne appellé de Jonage & Vingtain de la Bastie-Montluet, pour être perçûs à l'avenir au Port de Jonage & non ailleurs, tant sur les Batteaux & Radeaux, que sur les Marchandises passant devant ledit Port, suivant le Tarif inseré audit Arrest, avec défense de percevoir lesdits Droits sur d'autres Marchandises & Denrées que celles y énoncées, ni aucun Droit à titre de Péage, Vingtain, ou sous quelqu'autre dénomination que ce soit, sur les Sels, Vins, Bleds, Grains, Farines & Légumes verds ou secs, ni sur les Batteaux chargez desdites Marchandises.

Du 10 Septembre 1737.

* Arrest du Conseil, qui maintient la Dame Luciot, en qualité d'Engagiste dans la jouissance du Droit de Péage sur la riviere du Rhône, au lieu de Seissel en Bugey, pour percevoir à l'avenir ledit Droit à Seissel & non ailleurs, suivant le Tarif inseré audit Arrest, consistant entr'autre en deux sols deux deniers par gros muid de Sel, composé de dix sommées deux cinquiémes.

Du 10 Septembre 1737.

* Arrest du Conseil, qui supprime les Droits de Petite Leyde, prétendus par le Sieur Evêque de Grenoble, sur les Bestiaux, Denrées & Marchandises, amenez pour être vendus dans ladite Ville, & fait défenses audit sieur Evêque, & à ses successeurs de percevoir à l'avenir aucuns Droits dans ladite Ville, sur les Sels à Titre de Leyde, Quarantain & Mesurage, ni sous quelqu'autre dénomination que ce soit, aux peines portées par les Ordonnances.

Du 10 Septembre 1737.

* Arrest du Conseil, qui ayant égard à l'opposition formée par les Consuls de la Ville de Grenoble, à l'Arrest du Conseil du 4 Mars 1727. supprime le Droit de Péage ou Pontonnage, prétendu par le Sieur Evêque de Grenoble en ladite Ville, & lui fait défenses & à ses successeurs de continuer à l'avenir la perception dudit Droit sur les Ponts & aux Portes de ladite Ville ni ailleurs, & de percevoir à titre de Péage, Pontonnage ou sous quelqu'autre dénomination équipollente que ce soit aucun Droit sur les Sels, Denrées, Marchandises, Bestiaux, Voitures, Bêtes de Somme, & Personnes passant sous les Ponts & aux Portes de ladite Ville & nottamment à celle de Trescloitres, &c.

Du 10 Septembre 1737.

Arrest du Conseil, portant que la Requeste de Pierre Carlier, Adjudicataire des Fermes Generales-Unies; tendante à ce que les Avoines & Denrées destinées à la nourriture des hommes & des chevaux servant à la conduite, voiture & tirage des Sels, ensemble les ais de sapin, fers ouvrez & non ouvrez, toiles, chanvres, cordages & autres choses necessaires pour l'entretien des Barques & équipages, soient exempts des Droits de Péages, octroys, impositions ni autres Droits, sera communiqué tant au Syndic des Etats Generaux du Duché de Bourgogne, & à Nicolas Fabry, Adjudicataire des Droits d'Octroy appartenans à la Province de Bourgogne, sur la riviere de Saône, & Fermier des Péages de Châlons, qu'à Pierre Christophe Varret, Receveur des Péages appartenans à M. de Berenghen, sur ladite riviere de Saône pour y fournir de réponse dans le délai de deux mois, sinon qu'il sera fait Droit par Sa Majesté ainsi qu'il appartiendra.

Du 17 Septembre 1737.

Arrest du Conseil, qui maintient le Sieur Vidaud de la Tour, dans le Droit de Peage sur les Batteaux & Marchandises montans & descendans par la riviere du Rhône & passant au Port d'Authon; & supprime le Droit de Péage par terre prétendu par ledit sieur Vidaud audit lieu d'Authon, Generalité de Dauphiné, avec défenses de percevoir le Droit de Péage sur les Marchandises & autres choses non comprises dans le Tarif inseré audit Arrest, & notamment sur les Sels, Vins, Bleds, Grains, Farines & Légumes verds ou secs.

Du 30 Septembre 1737.

* Département de Messieurs les Fermiers Generaux pour le Service des Fermes Royales, pendant la sixiéme année du Bail de Me Nicolas Desboves.

FIN.

TABLE
DES EDITS, DECLARATIONS, ARRESTS ET REGLEMENS

Rendus pendant la cinquiéme Année du Bail de Me NICOLAS DESBOVES.

Commencée le premier Octobre 1736. & finie le dernier Septembre 1737.

CONCERNANT les Aydes, Entrées, Pied-Fourché & Droits y joints, Papier & Parchemin Timbrés, Domaine & Barrage & Poids-le-Roy, Domaines de Flandre, Marque d'Or & d'Argent, Marque des Fers, Impôts & Billots de Bretagne, Droits sur le Poisson, Droits rétablis aux Entrées & sur les Ports, Quays, Halles, Places & Marchez de la Ville & Fauxbourgs de Paris, & aliénés aux Officiers crées par Edit du mois de Juin 1730. Inspecteurs aux Boucheries & des Boissons, Courtiers, Commissionnaires & Jaugeurs de Futailles, Droits appartenans à la Ville de Paris, à l'Hôpital-Général, & à l'Hôtel-Dieu &c.

Du 2. Octobre 1736.

* SENTENCE du Bailliage Royal de Versailles, qui déclare, acquis & confisqués au profit de Nicolas Desboves, chargé de la Regie des Aydes de Versailles, quatre

* A

demi muids de vin, que le nommé François Bastien, Concierge de l'Hôtel d'Ecquevilly audit Versailles, a fait entrer en ladite Ville à fausse destination, & le condamne en l'amende de cinq cens livres & aux dépens.

Du 8. Octobre 1736.

* Jugement Souverain de Monsieur l'Intendant de Poitiers, qui déclare Jean-François Martin, Receveur Général des Aydes de l'Election de Fontenay-le-Comte, atteint & convaincu d'avoir soustrait volontairement de sa Recette une somme de trois mille six cens quatre-vingt-quatre livres dix-sept sols quatre deniers; pour réparation de quoi, il est condamné à servir le Roy sur ses Galeres à perpétuité en qualité de forçat; à l'effet dequoi, il sera marqué des Lettres G. A. L. en l'amende de trente livres envers le Roy; à restituer solidairement, avec les ci-après nommés, ladite somme de trois mille six cens quatre-vingt-quatre livres dix-sept sols quatre deniers avec le quadruple de ladite somme, & aux dépens.

Déclare la coutumace bien instruite contre Charles Armand de Boüilly Doré Desfontaines, Contrôleur ambulant,

Jean-Baptiste Cortot,
Jean-Baptiste Cousin,
Jean Baron,
Loüis des Roches-Garnier,
Jean-Benoît Debeaupin,
} Commis aux Exercices des Aydes,

adjugeant le profit de la coutumace, déclare lesdits Cortot, Cousin, Debeaupin, & des Roches-Garnier, dûëment atteints & convaincus d'avoir soustrait & appliqué à leur profit les Deniers de leur recette; pour réparation de quoi, ils sont condamnés à servir le Roy sur ses Galeres à perpétuité en qualité de forçats; & à être marqués des Lettres G. A. L. & en l'amende de trente livres chacun envers le Roy.

Condamne lesdits Cortot, Cousin & Baron solidairement, avec ledit Martin, à restituer à Denis Guerbois & Alexandre Froment, successivement Fermiers des Aydes, la susdite somme de trois mille six cens quatre-vingt-quatre livres dix-sept sols quatre deniers, & au quadruple de ladite somme aussi solidairement par forme de dommages, interests,

Baron en particulier à restituer . . . . . 32 liv. 16 s. 7 d.
Des Roches-Garnier, ... 424 liv. 14 s. 2 d.
Beaupin . . . . 68 liv. 11 s. 8 d.
au quadruple desdites sommes par forme de dommages, interêts & aux dépens de la contumace.

Décharge Charles Cezard Rullier, de l'accusation contre lui intentée avec dommages, interêts & dépens.

Décharge pareillement ledit Doré Desfontaines, absent, des accusations contre lui intentées, sans dommages, interests ni dépens.

Et ordonne que le Jugement sera exécuté par effigie à l'égard des Contumax.

Du 16. Octobre 1736.

* Arrest du Conseil & Lettres Patentes, *registrées en la Cour des Aydes de Paris le 26 Février* 1737. qui, en interprétant en tant que besoin est ou seroit, l'article VII. du titre des anciens & nouveaux cinq sols de l'Ordonnance de 1680, ordonne que ledit article sera exécuté selon sa forme & teneur dans toutes les Villes & lieux sujets aux Droits d'Entrées ; & en conséquence que tous les Particuliers qui seront dans le cas des déclarations & soûmissions portées par ledit article, seront tenus de faire lesdites Déclarations au moment de l'arrivée de leurs Vendanges & Boissons, & avant la décharge de leurs Voitures, au Bureau principal desdites Villes & lieux, lorsqu'il n'y aura point de Bureaux établis aux Portes, & ce aux peines portées par l'Ordonnance.

Du 6. Novembre 1736.

Arrest du Conseil, qui casse celui de la Cour des Aydes de Paris du 12. Septembre 1736. pour avoir reçû Marin Pannier, Maréchal ferrant, demeurant à Arpajon, appellant de l'Ordonnance du Sieur Intendant de la Généralité de Paris du dix-neuf Juillet mil sept cens trente-six, par laquelle ledit Pannier a été condamné à la confiscation d'une demie queuë de vin sur lui saisie, faute d'en avoir fait déclaration & payé les Droits d'Inspecteurs des Vins à l'entrée, en trois cens livres d'amende & aux dépens ; ordonne que l'Arrêt du Conseil du 22 Septembre 1722. portant Reglement pour la perception & le payement des Droits d'Inspecteurs aux Boissons sera exécuté selon sa forme & teneur, & défend audit Marin Pannier de procéder (pour raison du fait dont il s'agit) ailleurs que pardevant ledit Sieur Intendant de Paris, sauf l'appel au Conseil, à peine de nullité, cinq cens livres d'amende, & de tous dépens, dommages & interêts. Fait aussi défenses à ladite Cour des Aydes & à celles des autres Provinces & Généralités du Royaume de connoître desdits Droits, & aux parties de s'y pourvoir, & condamne ledit Panier au coût du présent Arrêt liquidé à soixante livres.

Des 10 *Avril &* 13 *Novembre* 1736.

* Arrests du Conseil. Le premier, casse une Sentence des Elûs d'Etampes du 9 Avril 1734. & un Arrest de la Cour des Aydes de Paris du 6. Août 1735. ordonne que la Contrainte décernée contre Antoine Duvergé, Maître de la Poste de la Ville d'Etampes, pour les Droits de deux poinçons & demi de vin de son crû, par lui vendus en gros, sera exécutée; & que les sommes que le Fermier des Aydes avoit été contraint de payer audit Duvergé, en vertu desdites Sentence & Arrest, lui seront rendues & restituées; fait deffenses audit Duvergé, & à tous autres Maîtres des Postes du Royaume, de prendre la qualité d'Ecuyer, s'ils ne l'ont d'ailleurs par des Titres ou par des Charges, sous les peines portées par les Ordonnances & Réglemens; & ordonne que ledit Arrêt sera enregistré sans frais au Greffe de l'Election d'Etampes & des autres Elections du Royaume.

Le second, déboute ledit Duvergé de son opposition: ordonne que ledit Arrest du Conseil du 10 Avril 1736. sera exécuté selon sa forme & teneur: les commandemens & exécutions faits en conséquence, suivis jusqu'au parfait remboursement des condamnations contenues audit Arrest; ordonne en outre, que tant ledit Arrêt du Conseil du 10 Avril 1736. que le présent, seront enregistrés sans frais au Greffe de l'Election d'Etampes & des autres Elections du Royaume; & condamne ledit Duvergé au coût dudit Arrest liquidé à soixante-quinze livres.

Du 4 Décembre 1736.

* Déclaration du Roy registrée au Parlement le 22. Décembre 1736. qui ordonne que le Droit de dix sols par chaque voye de bois à brûler, qui sera vendu sur les Ports, Quays & Chantiers de la Ville de Paris, continuëra d'être perçû pendant le courant de l'Année 1737. au profit de l'Hôpital-Géneral, conformément aux Déclarations des 3 Janvier & 21 Décembre 1728. 20 Décembre 1729. 26 Novembre 1730. 18 Décembre 1731. 2 Décembre 1732. 22 Décembre 1733. 12 Décembre 1734. & 13 Novembre 1735. ledit Droit payable ainsi qu'il a été ordonné par lesdites Déclarations, moitié par les Marchands de Bois, & l'autre moitié par les Acheteurs.

Du 17. Décembre 1736.

* Arrêt contradictoire de la Cour des Aydes de Paris, qui confirme la Sentence renduë en l'Election de Niort le 2 Septembre 1734. & condamne le Sieur Loüis-Armand de Lescourt, Seigneur de Paransay-les-Portes, au payement de deux Droits annuels, dont il prétendoit être exempt à cause de sa Noblesse, pour raison des Vins de son crû qu'il a converti en Eau-de-Vie, pendant les Années d'Octobre 1730 & 1731. & aux dépens des causes principale & d'appel.

Du 18 Décembre 1736.

* Sentence renduë par M. le Bailly de Versailles, qui ordonne que les redevables des Droits, qui se perçoivent dans la Ville & les Marchés de Versailles, seront payés à l'arrivée, suivant l'usage; & pour en justifier, lesdits redevables seront tenus de prendre les Quittances ou les Bulletins qui leur seront délivrez gratuitement & sans frais chaque jour pour acquits, par les Commis de Jacques le Jeune, Adjudicataire desdits Droits & de ceux de Poids-le-Roy, suivant la nature des Denrées & autres Marchandises qu'ils apporteront, soit à bras, à charge de Cheval, ou par Voiture, pour être vendûës aux Marchez

ou dans les Ruës de ladite Ville à cri public ou non : enjoint aufdits Redevables de prendre autant de Bulletins qu'ils auront de Chevaux ou Voitures chargés de marchandifes fujettes aufdits Droits, & de les repréfenter dans tout le jour, tant qu'ils refteront fur les Marchez ou dans les Ruës avec leurs Denrées & Marchandifes, à toutes réquifitions defdits Commis, à peine, faute par lefdits Redevables de faire ladite repréfentation, de payer deux fois, & de faifie de leurs Denrées, Marchandifes, Chevaux & Voitures en cas de refus de payer leur part, fans que les Bulletins de la veille puiffent fervir en aucune façon le lendemain aufdits Redevables, qui feront tenus de prendre de nouveaux Bulletins s'ils expofent en vente dans les Ruës & Marchez les jours fuivans, les Marchandifes ou Denrées qui leur feroient reftées de la veille, & d'en payer lefdits Droits dans la même forme, & fous les peines ci-deffus; autorife les Commis aux Aydes de cette Ville, ayant ferment à Juftice, de dreffer des Procès-verbaux des contraventions qu'ils trouveront, tant au fujet defdits Droits, que de ceux du Poids-le-Roy, dépendans de ladite Ferme; & fait deffenfes aufdits Redevables & à toutes perfonnes, de troubler & empêcher lefdits Commis dans l'exercice & fonctions de la perception defdits Droits, fous telle peine qu'il appartiendra.

Du 25 Décembre 1736.

* Arreft du Confeil, qui permet aux Marchands Epiciers de la Ville de Verfailles feulement, d'avoir & tenir en leurs Maifons des Balances & Poids au-deffus de vingt-cinq livres; les décharge des Droits de Poids-le-Roy pour la vente en gros de toutes les marchandifes d'œuvres de poids, dont ils feront commerce, en payant les Droits à l'arrivée, à la charge par les Voituriers de repréfenter & faire vifer par les Commis des Entrées, leurs Lettres de Voitures en bonne forme, contenant la qualité, quantité & poids defdites Marchandifes, & de les faire conduire directement au Bureau, pour être pefées & les Droits payés, fans que lefdits Marchands puiffent pefer pour autrui, même au-deffous de vingt-cinq livres. Enjoint à tous Marchands Bouchers, Chaircuitiers & autres, qui venderont des

Peaux de Bœufs, de Vaches, Suifs en pains & en branches, Lards, Graiſſes & autres Marchandiſes & Denrées d'œuvre de poids au-deſſus de vingt-cinq livres, dont les Droits n'auront pas été payez, de conduire directement de leurs Magaſins & Maiſons leſdites Marchandiſes & Denrées au Bureau du Poids-le-Roy, pour y être peſées & les Droits payés, à peine de confiſcation & de cent livres d'amende.

Du 29 Décembre 1736.

Ordonnance de M. l'Intendant de la Généralité de Paris, qui condamne Claude Roty, Habitant du Bourg de Nanterre, à payer les Droits d'Inſpecteus aux Boiſſons, nonobſtant la prétention de cet Habitant, qui ſoutenoit que le Bourg de Nanterre n'étoit point ſujet aux Droits, ſous prétexte qu'il n'eſt pas compris dans l'Etat arreſté en 1681. des lieux ſujets aux anciens & nouveaux cinq ſols, non plus que dans celui qui a dû être arrêté lors de l'établiſſement des Droits.

Du premier Janvier 1737.

Arreſt du Conſeil, qui ordonne l'exécution de l'article III. du Réglement du 4 Août 1716. concernant les Bouchers-Vivandiers des Troupes Suiſſes; en conſéquence deffend au nommé Richard Guinnet, Boucher-Vivandier des Gardes Suiſſes, en Garniſon au Bourg de Nanterre, de tuer plus de ſix Bœufs, ou neuf Vaches par mois, pour la conſommation de chaque Compagnie Suiſſe de cent ſoixante hommes; & à proportion, ſi la Garniſon eſt plus ou moins forte; comme auſſi de tuer & abbatre aucuns Veaux, Moutons ou Brebis, même d'en avoir dans ſa Maiſon, Tuërie, Echaudoir ou ailleurs, directement ou indirectement; & de vendre aucune Viande, de quelque eſpéce qu'elle ſoit, à d'autres qu'aux Officiers & Soldats de ladite Garniſon, à peine de cent livres d'amende pour chaque contravention, & de confiſcation des Viandes qui auront été ſaiſies: à l'effet de quoi, permet aux Employés de faire leurs viſites & exercices chez ledit Guinnet.

Du premier Janvier 1737.

* Arrest du Conseil, qui ordonne, sans s'arrêter à cinq Ordonnances renduës par M. l'Intendant de la Généralité de Tours, que Loüis de Launay, demeurant à la derniere Maison de la Maladrerie de la Ville de la Châtre, sera tenu de payer les Droits d'Inspecteurs aux Boissons de tous les Vins qu'il a fait entrer dans sa maison, & de ceux qu'il fera arriver par la suite ; & le décharge par grace & sans tirer à conséquence, tant de la confiscation d'une Busse de Vin qu'il avoit fait entrer sans en avoir fait déclaration ni payé les Droits, que de l'amende par lui encouruë.

Du 8. Janvier 1737.

* Arrêt contradictoire du Conseil, qui déboute François Mignotte & autres Boulangers de Versailles, de leur opposition à l'Arrest du Conseil du 15 Août 1736. ordonne que ledit Arrêt sera exécuté selon sa forme & teneur ; & en conséquence que lesdits Mignotte & autres Boulangers de ladite Ville seront tenus de payer au Fermier du Poids-le-Roy, les Droits de sept sols par chaque Sac de Farine blutée ou non blutée, Gruau & & son du poids de deux cens livres & au-dessus, jusqu'à cinq cens livres qu'ils ont fait & feront arriver pour leur compte.

Du 8. Janvier 1737.

* Arrêt contradictoire de la Cour des Aydes, qui confirme avec amende & dépens deux Sentences de l'Election de Joigny des 5 Décembre 1733. & 27 Mars 1734. par lesquelles les Vins saisis sur Jean-André Baudot, Bourgeois demeurant à la Motte aux Aulnois, par le Procès-verbal des Commis du 16 Novembre 1733. ont été déclarés acquis & confisqués au profit du Fermier des Aydes de la Généralité de Paris, faute par ledit Baudot d'avoir fait déclaration des Vendanges par lui recüeillies sur le Territoire de la Paroisse de Charny, lieu sujet aux anciens & nouveaux cinq sols & Inspecteurs aux Entrées, avant que de les transporter à la Motte aux Aulnois, lieu de son domicile

domicile non sujet ausdits Droits, nonobstant que ledit Baudot eût allégué, que ses Vignes étoient éloignées de plus de 1200. toises de la Paroisse de Charny.

Du 12 Janvier 1737.

* Arrest de la Cour du Parlement, qui ordonne qu'à l'avenir les taxes & salaires, pour la conduite des Prisonniers, seront reduits à l'ancienne fixation de quatorze livres par jour pour chaque Prisonnier, à raison de huit lieuës en Hyver, & dix lieuës en Eté; & ce, comme avant l'Arrest de ladite Cour du 31 Août 1723. & autres rendus en conséquence; & que pareillement le port des procédures qui seront apportées au Greffe de ladite Cour, ou qui seront portées dudit Greffe, quand il n'y a point de Prisonniers, sera taxé comme il l'étoit avant lesdits Arrêts, sauf néanmoins à augmenter, selon les qualités & conditions des Prisonniers, pour lesquels il seroit besoin d'une escorte plus considerable que celle accoûtumée; lequel excédent ne pourra être taxé & ordonné qu'en vertu d'Arrêt sur piéces, communiquées au Sieur Procureur-Général.

Du 22 Janvier 1737.

* Arrest contradictoire de la Cour des Aydes, qui confirme avec amende & dépens une Sentence des Elûs de Blois du 30 Juin 1736. par laquelle, sans avoir égard à un congé rapporté après-coup, les Vins, Charettes & Chevaux saisis sur Estienne Tassin, Marchand à Saint Dié, voiturés aux heures prohibées par l'Ordonnance de 1680. & par les Déclarations du Roy des 30 Janvier 1714. & 22 Juillet 1716. ont été déclarés acquis & confisqués au profit de Jean le Fevre, Fermier des Aydes de la Généralité d'Orleans, & ledit Tassin condamné en deux cens livres d'amende.

Du 8 Février 1737.

* Arrest contradictoire de la Cour des Aydes, qui condamne Claude Ancelin à payer à Charles Yvon, Sous-Fermier des

Aydes de la Généralité d'Amiens, la somme de trois cens livres portées en un accommodement qu'il a fait pour Jean-Jacques Boucly, Détailleur d'Eau de Vie, sur un Procès-verbal qui a été rendu contre lui, & qui a cassé une Sentence des Elus de Saint Quentin, qui ordonnoit que ledit Boucly seroit mis en cause sur le Procès-verbal, à la diligence dudit Yvon.

Du 26. Février 1737.

* Arrest du Conseil, qui casse une Sentence des Elûs d'Angers du 2 Septembre 1730. & condamne les Habitans de la Paroisse de Montrelaye située en Bretagne, de payer à Charles Yvon, Sous-Fermier des Aydes de la Généralité de Tours, les Droits d'anciens & nouveaux cinq sols des Vendanges provenantes de leurs Terres en Anjou, qu'ils ont fait transporter dans la Province de Bretagne.

Du 26 Février 1737.

* Arrest du Conseil en faveur des Receveurs Géneraux des Finances, par lequel, en exécution de l'Arrest du Conseil du 3 Juin 1669. & de l'Edit de Juin 1704. deffenses sont faites à tous Saisissans sur les Gages, Droits, Augmentations de Gages, Rentes, Remboursemens & autres Charges employées dans les Etats des Finances de Sa Majesté, de faire assigner les Receveurs Generaux des Finances, devant d'autres Juges que les Officiers des Bureaux des Finances de leurs Généralités; ordonne que, pour la sûreté des Créanciers Saisissans, ils seront tenus, conformément à la Déclaration du Roy du 19 Mars 1661. de laisser pendant vingt-quatre heures aux Bureaux des Receveurs Généraux, les Originaux des Exploits des saisies qui seront faites entre leurs mains; au pied desquels Exploits, ils signeront leurs déclarations des sommes dûës & employées dans les Etats du Roy au profit des Parties prenantes & saisies, même des saisies précedentes, qui pourroient avoir été faites entre les mains desdits Receveurs Généraux, sur les mêmes Parties.

Du 5 Mars 1737.

* Arrest du Conseil, portant qu'en conformité de l'Edit du mois d'Octobre 1705. & de l'Arrest du Conseil du 14 Décembre 1728. les Habitans du Bourg d'Aunay, Election de Niort, payeront le Droit d'Inspecteurs aux Boissons, à raison de dix sols par muid, de tous les Vins, demi-Vins, Boissons ou autres piquettes tirées à clair; Excepte seulement du payement du Droit; les Piquettes composées des marcs pressoirés & enfoncés dans les Tonneaux avec de l'eau : ordonne le payement du même Droit, à raison de trente sols par muid d'Eau de Vie, qu'ils feront fabriquer dans ledit Bourg, encore que les Vins dont elles seront fabriquées, ayent payé le Droit d'Inspecteurs lors de l'Entrée du Vin dans le Bourg : enjoint, tant ausdits Habitans qu'à ceux des autres Villes, Bourgs & lieux sujets au Droit d'Inspecteurs, de souffrir les visites & marques des Commis, conformément aux Réglemens & sous les peines y portées; & ordonne en outre l'exécution de l'Ordonnance de Monsieur l'Intendant de la Generalité de Poitiers du 5 Avril 1736. en ce qui regarde seulement la deffense de percevoir le Droit de Courtiers sur les Vins qui l'ont payé avec celui des Jaugeurs, lors du premier remuage, Vente ou enlevement, si ce n'est en cas de vente.

Du 5 Mars 1737.

Arrest du Conseil, qui deboute le nommé Marin Pannier, Maréchal-ferrant du lieu d'Arpajon de l'Appel par lui interjetté d'une Ordonnance de M. de Harlay, Intendant de la Généralité de Paris du 19 Juillet 1736. par laquelle ledit Pannier a été condamné en trois cens livres d'amende & en la confiscation d'une demie queuë de Vin trouvée dans sa Cave, faute d'avoir représenté la quittance des Droits d'Inspecteurs des Vins payés à l'entrée, nonobstant les allégations par lui avancées, que le Vin saisi étoit de sa recolte, où il avoit mis environ moitié Cidre ; & la prétenduë nullité du Procès-verbal, sous prétexte qu'il avoit été affirmé devant un Juge Seigneurial ; ordonne l'exécution de ladite Ordonnance, & condamne Pannier au coût dudit Arrest liquidé à soixante livres.

Du 8. *Mars* 1737.

* Ordonnance de Police, qui fait deffenses à tous Marchands Forains de vendre & livrer aucun Gibier ou Volaille à qui que ce soit : & aux Rotisseurs ou autres d'en acheter avant que chaque article soit écrit sur la feüille des Commis des Officiers de la Volaille, & le prix convenu sur un pied certain, à peine de saisie, confiscation & amende : déclare la saisie de sept Volailles & d'une Dinde, faite sur le nommé Augustin, Marchand de vin à Paris, bonne & valable; confisque lesdites Volailles au profit desdits Officiers : & condamne ledit Augustin & autres aux dépens.

Du 12 *Mars* 1737.

* Arrest du Conseil, qui exempte les gros Sons & Recoupes du Droit de Poids-le-Roy, établi en la Ville de Versailles; & ordonne qu'il sera perçû un Droit de quinze deniers par chaque Sac desdites Marchandises, dont il sera fait déclaration au Bureau du Fermier, en la forme & aux peines y portées : ordonne aussi, que tous ceux qui étaleront dans les Marchez de ladite Ville des Legumes, Fruits & autres menuës Denrées sur des planches avec des tretaux, sur des clayes ou autrement, continuëront de payer au Fermier douze deniers pour droit de place par chacun jour, sans y comprendre ceux qui vendront dans des paniers à bras, qui ne payeront que quatre deniers par chaque Panier, conformément aux Tarif & Lettres Patentes des 24 & 26 Juin 1736.

Du 12. *Mars* 1737.

Arrest du Conseil, qui déboute le nommé Claude Roti, Habitant de Nanterre, de son opposition à une Ordonnance du Sieur de Harlay, Intendant de la Généralité de Paris, par laquelle il a été condamné au payement des Droits d'Inspecteurs des Vins par lui recueillis & à recueillir, qu'il fera entrer dans ledit Bourg, & au coût dudit Arrêt liquidé à soixante livres.

Du 12 Mars 1737.

Arrest du Conseil, qui casse deux Sentences du Vicomté de Dompfront des 7 Septembre & 20 Octobre 1736. ordonne l'exécution de l'article XI. du titre commun de l'Ordonnance des Fermes du mois de Juillet 1681. décharge le nommé Mathieu le Tourneur de Butenval, Buraliste des Aydes au Bourg de Ceaucé Province du Maine, de la nomination faite de sa personne par lesdites Sentences, pour Tuteur des Enfans Mineurs de Robert Thebault de Champassais Gendre dudit Butenval; & en conséquence ordonne qu'il sera fait une nouvelle convocation des parens, tant paternels que maternels des mineurs, pour procéder à l'établissement d'un autre Tuteur desdits mineurs.

Du 19. Mars 1737.

* Arrest du Conseil, qui ordonne que jusqu'au dernier Juin 1737. les Vins du Roussillon & du Languedoc, qui seront amenez au Havre ou à Roüen, pour la destination de Paris, seront exempts, tant du droit de Massicault en entier, que de moitié des Droits du Tarif de 1664. des Droits de double Subvention & de ceux des grandes Entrées : à la charge par les Marchands & Conducteurs, de prendre dans les Bureaux du Havre ou de Roüen, avec l'acquit du payement des Droits, un acquit à caution, pour assurer la destination desdits Vins dans la Ville de Paris.

Du 19 Mars 1737.

* Arrest du Conseil, qui en casse deux du Parlement de Dijon des 25 Juin & 9 Juillet 1735. qui avoient jugé que l'Election des Jurez seroit faite dans la Chambre des Maîtres Orféyres, & qu'ils prêteroient serment devant le Lieutenant de Police : ordonne l'exécution des Statuts des Maîtres Orfévres de la Ville de Dijon, homologuez en la Cour des Monnoyes de Paris, & confirmez par Arrest du 28 Mars 1730. par l'article XIX. desquels il est dit que lesdites Elections seront faites devant les Officiers de la Monnoye.

Du 21 *Mars* 1737.

* Arrest contradictoire de la Cour des Aydes, qui confirme avec amende & dépens deux Sentences des Elus de Nemours du 20 Février 1733. qui avoient confisqué sur Antoine Berger, Estienne & Edme Boureille, Mathurin Pattier & Estienne Canard, les Vins sur eux saisis par les Procès-verbaux des 18 & 19 Novembre 1731. pour avoir enlevé lesdits Vins & Vendanges par eux recueillis sur le territoire du Bourg de la Chapelle la Reine, sujet aux anciens & nouveaux cinq sols, & les avoir conduits dans leurs domiciles au Hameau de Meun, dépendant de la Paroisse d'Acheres non sujette ausdits Droits, sans en avoir fait déclaration auparavant les Vendanges, conformément à l'article IX. du titre des anciens & nouveaux cinq sols, de l'Ordonnance du mois de Juin 1680. & à l'article V. de la Déclaration du 4 May 1688. & condamne lesdits Particuliers en trois livres d'amende pour chacun muid, & aux dépens.

Du 2 *Avril* 1737.

* Arrest du Conseil, qui (sans s'arrêter aux Sentences des Elus d'Angers des 27 Novembre 1736. & 26 Février 1737. que Sa Majesté a cassées & annullées) condamne René Maugé Journalier dans la ville d'Angers, en la confiscation de deux Busses de Vin sur lui saisies, pour l'avoir surpris vendant du Vin sans en avoir fait déclaration au Bureau des Aydes, en cent livres d'amende, & aux dépens faits en l'Election; condamne pareillement Joseph Droüet, Journalier dans la Ville de Montfaucon, en la confiscation d'une Busse de Vin sur lui saisie, en cent livres d'amende & aux dépens, pour avoir trouvé dans sa maison huit à dix personnes inconnuës qui y bûvoient, sans que ledit Droüet eût fait déclaration de vendre du Vin. Enjoint aux Officiers de l'Election d'Angers, de se conformer à l'avenir dans leurs Jugemens, aux Ordonnances, Réglemens, & désigner expressément dans leurs Sentences les moyens de nullité des Procès-verbaux sur lesquels ils se déterminent

pour en prononcer la nullité : ordonne que ledit Arrest sera enregistré sans frais au Greffe de l'Election d'Angers.

Du 2 Avril 1737.

* Arrest du Conseil, qui ordonne, que les Habitans du Village de Baillon, seront tenus de remettre pardevant Monsieur l'Intendant d'Amiens, dans un mois du jour de la signification du présent Arrest, les Titres & Pieces par lesquels ils prétendent dépendre de l'Artois ; & en attendant, ordonne que, par provision, il sera nommé par ledit Sieur Intendant, un Particulier dudit Village, pour faire (à l'exclusion de tous autres) la distribution de l'Eau de vie nécessaire pour la consommation desdits Habitans, sur laquelle consommation il sera passé dix Bariques d'Eau de vie de vingt-sept veltes chacune, en exemption des Droits d'Aydes ; & que celui qui sera chargé de ladite fourniture, sera tenu de payer les Droits du surplus ; défend à tous autres Habitans, que celui qui sera nommé par M. l'Intendant, de faire commerce d'Eau de vie dans le Village de Baillon, à peine de confiscation & de cinq cens livres d'amende : ordonne en outre, qu'il sera nommé un des Habitans dudit lieu, pour recevoir les déclarations de tous ceux qui y feront venir des Boissons.

Du 9 Avril 1737.

* Arrest contradictoire du Conseil, qui deboute le nommé Pierre Fauvel, Bourgeois de la Ville de Caën, de l'appel par lui interjetté d'une Ordonnance de M. l'Intendant de la Généralité de Caen du 16 Novembre 1736. par laquelle il a été condamné au payement des Droits de détail de trois mille Pots de Cidre excédens sa vraye consommation ; ordonne l'exécution de ladite Ordonnance; & condamne ledit Fauvel au coût de l'Arrest liquidé à soixante-quinze livres.

Du 9 Avril 1737.

* Arrest du Conseil, portant qu'à l'avenir, les Char-

bons de terre provenans des mines du Bourbonnois & d'Auvergne, destinez pour passer de bout dans la Ville, Fauxbourgs & Banlieuë de Paris, tant en descendant la Riviere de Seine, que pour remonter dans celle de Marne, seront exempts du Droit de quatorze sols six deniers par minot, attribué par l'Edit du mois de Juin 1730. aux Propriétaires des Offices de Mesureurs & Porteurs de Charbons de terre; à la charge par les Marchands Voituriers, Conducteurs de Batteaux & autres qui ameneront desdits Charbons de terre, destinez pour passer debout dans ladite Ville, Fauxbourgs & Banlieuë, de représenter dans les trois jours de leur arrivée aux Garres ordinaires, leurs Lettres de voiture en bonne forme, aux Propriétaires desdites Offices ou leurs Commis & Préposez, & de les faire par eux viser, pour reconnoître si la destination desdits Charbons de terre est véritable, & si lesdites Lettres de voiture sont conformes aux Réglemens de l'Hôtel de Ville de Paris : le tout à peine (en cas de fausse destination ou de fausse déclaration, ou de versement desdits Charbons de terre dans ladite Ville, Fauxbourgs & Banlieuë de Paris en fraudes des Droits,) de confiscation desdits Charbons, & de deux cens livres d'amende contre lesdits Marchands Voituriers, Conducteurs de Batteaux & autres.

Du 16 Avril 1737.

* Déclaration du Roy, *registrée en la Cour des Comptes, Aydes & Finances de Normandie le 16 May suivant*, qui ordonne que tous Marchands, tant en gros qu'en détail, Banquiers, Courtiers de change & de Banque & autres Négocians des Villes & Lieux du Royaume, ne pourront se servir en Justice d'autres Registres que de ceux qui seront en Papier timbré : défend aux Juges de parapher aucuns Registres en Papier non timbré, & d'avoir égard aux Extraits qui en seront tirés, à peine de nullité des Jugemens qui pourroient être rendus sur lesdits Registres & Extraits.

Du 23 Avril 1737.

* Arrest contradictoire du Conseil, qui ordonne l'exécution

tion de ceux des treize Février 1731. & vingt-six Janvier 1734. portant que tous Particuliers du commun des Villes & Lieux où les Aydes ont cours, seront sujets aux Droits de détail, comme les Cabaretiers, sur les Vins & autres Boissons qu'ils consommeront au-delà de ce qui leur est nécessaire pour leur provision; & sans avoir égard à l'appel interjetté par plusieurs Habitans de la Ville d'Angoulême, des Ordonnances du Sieur Intendant de Limoges, des premier Octobre 1733. 17 Avril, 13 & 15 Juillet & 9 Août 1734. & 7 Mars 1735. dont ils sont déboutés, ni à l'intervention des Maire & Echevins de ladite Ville, ordonne que lesdites Ordonnances seront exécutées selon leur forme & teneur; & attendu la téméraire intervention desdits Maire & Echevins, les condamne en leurs propre & privé nom au coût du présent Arrest, liquidé à quatre-vingt-dix livres: & enjoint audit Sieur Intendant de tenir la main à l'exécution dudit Arrêt, qui sera lû, publié & affiché partout où besoin sera.

Du 7 May 1737.

Arrest du Conseil, qui permet aux Maire & Echevins de la Ville d'Amiens, de continuer pendant dix années, à commencer du 21 May 1737. la perception de l'Octroi de cinq livres six sols par chaque muid de vin, & de six livres sur chaque Baril d'Eau de vie de vingt-sept veltes entrans dans ladite Ville; ordonne que, pardevant le sieur Commissaire départi en la Généralité d'Amiens, il sera procedé à l'Adjudication desdits Droits pour une ou plusieurs années, à la charge que les deniers en provenans seront employés aux ouvrages, que leditsieur Commissaire départi jugera les plus nécessaires pour les réparations des Murailles, Portes, Ponts & autres édifices publics de ladite Ville, sur les devis & marchez qu'il en fera faire: & que lesdits Ouvriers seront payez sur les Ordonnances dudit sieur Commissaire départi, par le Receveur des Deniers Patrimoniaux & d'Octrois de ladite Ville; ordonne aussi que dans le compte dudit Receveur, les sommes ainsi payées seront passées & alloüées sans difficulté, en rapportant lesdites Ordonnances & les Quittances des Ouvriers; & que pendant lesdites dix années, il sera sursis au payement des arrérages des anciennes dettes de ladite Ville, hypotequés sur lesdits Droits d'Octrois.

Du 14 May 1737.

* Ordonnance de M. le Lieutenant Général de Police de Versailles, portant que les Arrests & Réglemens de Police, concernant le commerce des Marchandises de Volaille, Gibier, Beure, Oeufs & Fromage, seront exécutez selon leur forme & teneur; & notamment le Réglement du 8 Juillet *1729.* qui fait deffenses à tous Marchands Rotisseurs, d'aller ou envoyer leurs femmes, domestiques ou autres personnes à eux affidées sur le carreau du Marché à la volaille, les jours ordinaires de marché, qui sont les mardis & vendredis, & d'y acheter ou faire acheter aucunes Marchandises avant huit heures du matin en Eté, & neuf en Hyver, &c.

Du 16 May 1737.

* Sentence renduë par les Officiers de l'Election de Paris, qui ordonne l'exécution de l'article premier du titre VII. de l'Ordonnance des Aydes de 1680. défend à tous Particuliers d'enlever aucuns vins des Caves, Celliers & autres lieux, & de les transporter en autres Maisons, sans prendre un congé, à peine de confiscation & de cent livres d'amende; & condamne les Collecteurs des Tailles de la Paroisse de Taverny, à la confiscation d'un muid & cinq demi muids de vin par eux enlevés pour le payement de la Taille sans congé, en l'amende de cent livres & aux dépens.

Du 4 Juin 1737.

* Déclaration du Roy, *registrée en la Cour des Aydes le premier Juillet* 1737. portant qu'à l'avenir les Receveurs Géneraux des Finances, auront sur leurs Commis aux Recettes dans les Provinces, les mêmes Privileges que ceux que le Roy a sur les Charges desdits Receveurs Généraux, en vertu de l'Edit du mois d'Août *1669.* & qu'ont les Fermiers Géneraux sur les

Sous-Fermiers redevables, & sur leurs Employés comptables.

Du 18 Juin 1737.

* Arrest du Conseil, qui défend aux Maire & Echevins de la Ville d'Amiens, leurs Fermiers & Préposez & à tous autres, de percevoir aucuns Droits sur les Bleds passans debout par ladite Ville, à peine de concussion; leur permet seulement Sa Majesté, de continuer à percevoir les droits portés par l'Arrest du 17 Décembre 1709. sur les Bleds qui sortent de ladite Ville.

Du 21 Juin 1737.

* Sentence de Police, qui condamne solidairement Anne-Cecile Verset, femme de Jean But Marchande Lingere, & Marie-Angélique le Duc sa Fille-de-Boutique, en chacune cent livres d'amende, & en tous les dépens; avec confiscation de trois cens cinquante-deux Mouchoirs sur elles saisis envers les Officiers Aulneurs & Visiteurs de Toilles de la Ville, Fauxbourgs & Banlieuë de Paris, pour fausse déclaration dans la quantité, & avoir voulu passer lesdits Mouchoirs sous leurs Jupes en fraude des Droits desdits Officiers.

Du 21 Juin 1737.

* Sentence du Bureau de la Ville, qui condamne Pierre Bordres & autres, Marchands de pierres de Saint Leu, sur le Port de la Demi-Lune au Cours, à payer aux Officiers Planchéeurs, Débâcleurs, Inspecteurs sur le placement & arrangement des Batteaux, Gardes d'iceux & Metteurs à Port les Droits d'arrivages des Bateaux chargez de pierres qu'ils y ont fait arriver : leur enjoint de faire à l'avenir leurs déclarations, & de présenter leurs Lettres de voiture au Bureau desdits Officiers, à peine de cinq cens livres d'amende, prononcée par l'Arrest du Conseil du dix Juillet mil sept cens trente-six.

Du mois de Juillet 1737.

* Ordonnance de Loüis XV. Roy de France & de Navarre,

Régistrée en Parlement le 11 *Décembre* 1737. concernant le faux principal & faux incident, & la reconnoissance des Ecritures & Signatures en matiere criminelle : *contenant trois Titres, le premier composé de soixante-neuf articles, le second de cinquante-trois, & le dernier de vingt.*

Du 2 *Juillet* 1737.

* Arrest du Conseil, qui deffend de percevoir les Droits de la Marque des Fers sur les Ouvrages de grosse & menue Quinquaillerie, qui auront été fabriquez dans les Provinces où les Droits n'ont pas cours, & qui entreront dans le Pays de la Ferme.

Du 16 *Juillet* 1737.

* Lettres Patentes du Roy, qui autorisent le Réglement du même jour pour la fabrique des Etoffes dans la Généralité d'Alençon, *Registrées en Parlement le* 21 *Octobre* 1737. contenant soixante-treize articles, dont les 48. 49. 52. 54 & 60e. portent que lesdites Etoffes seront marquées en teste & en queuë du nom & demeure du Fabriquant ; & qu'il y sera apposé un plomb à chaque bout au Bureau de Fabrique ; avec deffenses, tant aux Fabriquans qu'aux Marchands, de les vendre sans lesdites Marques, à peine de vingt livres d'amende ; & le soixante-troisiéme dispense du timbre les Registres que les Gardes-Jurez sont obligez de tenir, pour enregistrer les Etoffes qu'ils auront visitées & marquées.

Du 23 *Juillet* 1737.

Arrest du Conseil, portant que la Requête de Nicolas Desboves, Adjudicataire Géneral des Fermes Unies, tendante à la cassation d'une Sentence de l'Election, & d'un Arrest de la Cour des Aydes de Paris des 26 Juillet 1736. & 20 Mars 1737. par lesquels le nommé Loüis Dupont Cabaretier à Lagny, a été renvoyé absous d'un Procès-verbal de saisie faite chez lui d'une bouteille, dans laquelle il s'est trouvé du Vin dissemblable à celui de sa cave, sera communiquée audit Dupont Cabaretier à Lagny, pour y répondre dans les délais de l'Ordonnance; sinon & à faute de ce faire dans ledit tems & içelui passé, qu'il sera fait Droit, ainsi qu'il appartiendra.

Du 30 Juillet 1737.

* Arrest contradictoire du Conseil, portant deffenses à tous Maîtres Corroyeurs, Baudroyeurs, & à tous Maîtres Cordonniers de la Ville & Fauxbourgs de Paris, d'envoyer leurs femmes à la Halle aux Cuirs pour lottir avec lesdits Maîtres, & ausdites femmes d'y aller, de donner le denier à Dieu, ni de faire aucunes déclarations, sinon en cas de maladie, ou d'absence de leurs maris hors la Ville & Banlieuë de Paris, dont elles seront tenuës de rapporter des Certificats en bonne forme; le tout à peine de trente-deux livres parisis d'amende pour chacun des contrevenans, & d'emprisonnement de leur personnes : deffend pareillement aux Lotisseurs de ladite Halle, de prendre des mains desdites femmes les Numeros de leurs maris pour les mettre dans le chapeau, lorsqu'il est procédé au lotissement qui s'y fait journellement des Marchandises Foraines, ni aucunes déclarations, & aux Jurez-Vendeurs de cuirs, & à leurs Commis de les recevoir, sinon esdits cas de maladie ou d'absence.

Du mois d'Août 1737.

* Ordonnance de Loüis XV. Roy de France & de Navarre, *registrée en Parlement le 11 Décembre* 1737. concernant les Evocations & Réglemens de Juges, portant, article XXI. du titre premier, que les Causes ou Procès, tant civils que criminels, pendans aux Cours des Aydes, à l'occasion des Fermes du Roy & l'exécution des Baux, circonstances & dépendances, même tous Procès des Fermiers en nom collectif, ou des Adjudicataires des Fermes contre leurs Commis en matiére civile ou criminelle, ne pourront être évoqués sur les parentés ou alliances des Officiers des Cours des Aydes, avec aucuns des Interessés esdites Fermes en quelque dégré que ce soit; le tout sans préjudice des Evocations du Chef de ceux desdits Interessés ou de leurs Commis qui seroient parties en leur

propre & privé nom, & pour un interest autre que celui des Fermes.

Du 3 Août 1737.

* Ordonnance de M. de Harlay, Intendant de la Généralité de Paris, qui ordonne, que conformément à l'Arrest du Conseil du 13 Janvier 1736. & Tarif arrêté en conséquence, le Droit de sol pour livre, sera perçû sur tous les Fermages dépendans du Territoire de la Ville & Fauxbourgs de Pontoise; condamne Guillaume Cheneviere & autres, demeurans au Fauxbourg de l'Hermitage, au payement dudit Droit.

Du 6 Août 1737.

* Arrest contradictoire du Conseil, qui en casse un de la Cour des Aydes de Roüen du 22 Mars 1737. par lequel, sous prétexte que les noms des Commis n'étoient point inscrits sur le Tableau déposé au Greffe de l'Election, elle avoit annullé le Procès-verbal par eux rendu, portant saisie d'un baril d'Eau de vie entreposé par Guillaume Lavie, Cabaretier & Détailleur d'Eau de Vie à Séez, en la maison de Jean-Baptiste Basseville son voisin: ordonne l'exécution de la Sentence des Elûs d'Alençon du 28 Juillet 1736. & condamne Lavie & Basseville au payement de l'amende de cinq cens livres prononcée par ladite Sentence, & aux dépens faits, tant en l'Election qu'en la Cour.

Du 9 Août 1737.

* Arrest de la Cour de Parlement, portant Réglement en faveur des Fermiers des Coches, Carosses & Messageries, qui leur confirme le Droit de la conduite & translation des Prisonniers, Procès civils & criminels, à l'exclusion de tous autres.

Du 9 Août 1737.

* Arrest de la Cour des Monnoyes, qui ordonne que quatorze Plaques d'argent contre-marquées à onze deniers cinq grains du poinçon de la Maison commune Lettre T. seront

fonduës à l'Hôtel de la Monnoye, & la valeur renduë à Pierre Bouſſot de Villeneuve, Horloger; lui adjuge, pour tous dommages & interêts, cinq cens livres qui lui ſeront payées par les nommez le Roy, Jarry, Lagneau, le Riche, Morée & Vendive, Maîtres & Gardes, leſquels, pour leur contravention, ſont condamnés en mille livres d'amende envers le Roy, & en tous les dépens du Procès faits par Bouſſot; ordonne que le Placard imprimé ayant pour titre: *Instruction pour les eſſays*, qui avoit été imprimé par ordre de Colas, Grouvelle, Marcault, Lagneau, le Roy & Jarry, Maîtres & Gardes, ſera ſuprimé comme contraire à la diſpoſition de l'Ordonnance ſur le fait du titre; leur fait défenſes de plus à l'avenir faire rien imprimer, concernant les matiéres d'or & d'argent ſans permiſſion de la Cour, ſous telles peines qu'il appartiendra; renvoye de l'accuſation Paulus Dumeſnil Imprimeur, & Turpin Clerc des Orfévres, compenſe les dépens entre ledit Bouſſot & Mothet & ſa femme; ordonne que les Tabatieres & Timballes d'argent, marquées des poinçons des Lettres S. & T. ſeront fonduës, & la valeur rendue à qui il appartiendra; & faiſant droit ſur les concluſions du Procureur Général, ordonne que les Edits, Déclarations, Réglemens & Arreſts de la Cour ſur le fait de la marque du poinçon de la Maiſon commune, & notamment l'Edit de 1554. ſeront exécutés; ce faiſant, que les Maîtres & Gardes en charge repondront du Titre des Ouvrages qu'ils contre-marqueront pendant leur année d'exercice; & ſeront tenus ſous les peines portées par leſdits Réglemens, de ne marquer du poinçon de la Maiſon commune, que les Ouvrages qui ſeront au titre preſcrit par les Ordonnances; & qu'à commencer du jour de la ſignification dudit Arreſt, leſdits Maîtres & Gardes en charge ſeront tenus d'avoir un Regiſtre cotté & paraphé par la Cour, pour y enregiſtrer le nom de ceux qui apporteront des Ouvrages à la contre-marque, le poids en totalité, & le nombre des piéces étant en chacun Sac, avec la notte de ce qui aura été contre-marqué par chacun Sac & le nom des Gardes en exercice, pour être ledit Regiſtre repréſenté toutes fois & quantes il ſera par la Cour ordonné, & que ledit Arreſt ſera lû, publié & regiſtré dans le Bureau de la Maiſon commune, à la diligence du Procureur Géneral, en préſence des Maîtres & Gardes.

Du 20 Août 1737.

* Arrest du Conseil, qui déboute les Marchands Bouchers de la Ville & Fauxbourgs de Paris, & les Créanciers de leur Communauté de leurs oppositions à l'Arrest du Conseil du 27 Septembre 1735. par lequel il a été fait Bail au nommé Jean-Baptiste Hayon, des Droits qui se perçoivent sur les Bestiaux dans les Marchez de Sceaux & Poissy, ensemble des Emplacemens, Maisons, Bâtimens & Hôtelleries dépendans desdits Marchez; lesdites oppositions tendantes à ce que lesdits Bouchers soient maintenus dans la joüissance desdits Droits, conformément aux Arrests du Conseil des 9 Mars 1717. & 7 May 1718. pour le produit être employé au payement desdits Créanciers.

Du 20 Août 1737.

Arrest du Conseil, qui liquide ce qui revient à quelques Communautez d'Officiers, créez & établis sur les Ports, Quays & Entrées de Paris, par l'Edit du mois de Juin 1730. d'arrérages des Rentes sur l'Hôtel de Ville & sur les Tailles, éteintes au profit de Sa Majesté, au moyen de l'Emploi qui a été fait des Capitaux en acquisition desdits Offices, & ce, compensation faite de ce qui revient à ces mêmes Communautez d'arrérages de pareilles Rentes, dont la suppression a été ordonnée, eû égard aux époques des soumissions & payemens faits pour l'acquisition des Offices.

Du 20 Août 1737.

Arrest du Conseil, portant que par le Tresorier des revenus casuels, il sera expédié soixante & une Quittances de Finance, au profit de la Communauté des soixante Officiers-Inspecteurs des Veaux à Paris: sçavoir, soixante de trente-un mille sept cens livres chacune, & une de sept cens quatre-vingt-douze mille cinq cens livres; dans lesquelles, mention sera faite des emprunts qu'ils ont été obligés de faire, pour sûreté des sommes qui leur ont été prêtées, conformément à l'article XI. de l'Edit du mois de Juin 1730.

Du

Du 20. Août 1737.

* Arrest du Conseil, qui ordonne que par le Trésorier des Revenus casuels il sera expédié au nom collectif de la Communauté des Maîtres Brasseurs de Bierres à Paris une Quittance de Finance de la somme de onze cens soixante-six mille livres pour la réunion à elle faite des Offices & Droits attribués aux trente Inspecteurs, Controlleurs, Visiteurs & Essayeurs de Bierre, créés par l'Edit du mois de Juin mil sept cens trente.

Du 20. Août 1737.

* Arrest du Conseil, qui réduit au nombre de soixante, les quatre-vingt-cinq Offices d'Inspecteurs sur les Veaux, créés par Edit du mois de Juin mil sept cens trente, sans que le nombre puisse à l'avenir être augmenté ni diminué.

Du 23. Août 1737.

* Arrest de la Cour des Aydes, portant Reglement en faveur des Fermiers des Coches, Carosses & Messageries, qui leur confirme le droit de la conduite & translation des Prisonniers, Procès civils & criminels, à l'exclusion de tous autres, aux peines y portées.

Du 25. Août 1737.

* Déclaration du Roy, *registrée au Parlement le 6. Septembre* 1737. portant nouveau Reglement sur le Port-d'Armes, l'Enrôlement des Soldats dans la Ville de Paris, la défense aux Soldats de servir dans des maisons particulieres en qualité de Domestiques, & aux Soldats des Gardes Françoises & Suisses de vaquer la nuit hors de leur quartier ou Corps de Garde avec épées, ou autres armes, à commencer à six heures du soir depuis le jour & Fête de la Toussaints, & à neuf heures depuis le jour & Fête de Pâques, à moins qu'ils n'ayent un ordre par écrit de leur Capitaine, à peine des Galleres pour trois ans, *contenant quatorze articles.*

Du 28. Août 1737.

* Arrest de la Cour du Parlement, portant défenses à tous Portiers, & autres Domestiques préposés à la garde des Portes, d'éxiger ni recevoir aucune somme, pour les significations qui leur seront laissées, avec injonction de recevoir lesdites significations, sous telles peines qu'il appartiendra.

Du 28. Août 1737.

* Arrest contradictoire de la Cour des Aydes, qui confisque sur Robert Mancel, & ses enfans, Marchand de la Ville de Cloye, un Registre servant à enregistrer les Marchandises de leur commerce qui s'est trouvé en Papier commun, & non timbré du timbre de la Généralité d'Orléans, & les condamne en l'amende portée par l'Ordonnance que la Cour a néanmoins moderée à cinquante livres, & en tous les dépens, tant des causes principale, que d'appel & demande.

Du 30. Août 1737.

* Sentence du Bureau de la Ville, qui condamne Charles Hoquet, à payer aux Officiers Planchéeurs, Inspecteurs, Gardes Batteaux, & Metteurs à Port, de la Ville, Fauxbourgs & Banlieue de Paris, la somme de deux cens quatre-vingt huit livres pour leurs Droits sur cent quarante quatre milliers de Marchandises de Fer, que ledit Hoquet a fait passer sous le Pont de Charenton, & remonter au Port de Choisy-Mademoiselle, lui enjoint de faire à l'avenir ses déclarations au Bureau desdits Officiers, sous peine d'amende.

Du 6. Septembre 1737.

* Arrest de la Cour du Parlement, qui maintient & garde les quatre Vendeurs, & Visiteurs de la Marchandise de Poisson de Mer, frais, sec & sallé, établis par M. de Gêvres, en sa qualité d'Evêque de Beauvais, dans le droit & possession de faire les

Visites de ladite marchandise de Poisson dans la Ville & Fauxbougs de Beauvais, conjointement avec Pierre Maillart Juré-Vendeur & Visiteur de Poisson dans ladite Ville, Fauxbourgs & Banlieue.

Du 20. Septembre 1737.

* Arrest de la Cour des Aydes, servant de Reglement entre les Officiers & Procureur du Roi de l'Election de Meaux, au sujet de leurs Fonctions, Droits & Privileges respectifs, *contenant vingt-deux articles.*

Du 23. Septembre 1737.

* Reglement des Mayeur & Echevins de la Ville de Gravelines, concernant la vente du Poisson frais de Marée, qui sera apporté en ladite Ville, *contenant dix articles.*

FIN.

A PARIS, chez PIERRE PRAULT, Imprimeur des Fermes & Droits du Roy, Quay de Gesvres, au Paradis. 1742.

www.ingramcontent.com/pod-product-compliance
Ingram Content Group UK Ltd.
Pitfield, Milton Keynes, MK11 3LW, UK
UKHW021543260726
13993UKWH00002B/612

9 782329 270074